中等职业教育国家规划教材
全国中等职业教育教材审定委员会审定

汽车自动变速器构造与维修

Qiche Zidong Biansuqi Gouzao yu Weixiu

（第三版）

周志伟　韩彦明　顾雯斌　主　编

人民交通出版社股份有限公司
China Communications Press Co.,Ltd.

内 容 提 要

本书是中等职业教育国家规划教材之一,主要内容有:概述、液力变矩器的构造与维修、自动变速器齿轮变速机构的构造与维修、自动变速器液压控制系统的构造与维修、自动变速器电子控制系统的构造与维修、自动变速器性能测试、无级变速器的构造与维修、双离合器自动变速器的构造与工作原理。

本书为中等职业学校汽车运用与维修专业的教学用书。

图书在版编目(CIP)数据

汽车自动变速器构造与维修/周志伟,韩彦明,顾雯斌主编. —3 版. —北京:人民交通出版社股份有限公司,2016.4
中等职业教育国家规划教材
ISBN 978-7-114-12820-2

Ⅰ.①汽… Ⅱ.①周… ②韩… ③顾… Ⅲ.①汽车—自动变速装置—构造—中等专业学校—教材 ②汽车—自动变速装置—车辆修理—中等专业学校—教材 Ⅳ.①U472.41

中国版本图书馆 CIP 数据核字(2016)第 030004 号

书　　名:	汽车自动变速器构造与维修(第三版)
著 作 者:	周志伟　韩彦明　顾雯斌
责任编辑:	时　旭　刘　洋
出版发行:	人民交通出版社股份有限公司
地　　址:	(100011)北京市朝阳区安定门外外馆斜街 3 号
网　　址:	http://www.ccpress.com.cn
销售电话:	(010)59757973
总 经 销:	人民交通出版社股份有限公司发行部
经　　销:	各地新华书店
印　　刷:	北京市密东印刷有限公司
开　　本:	787×1092　1/16
印　　张:	12.75
字　　数:	290 千
版　　次:	2002 年 7 月　第 1 版 2011 年 7 月　第 2 版 2016 年 4 月　第 3 版
印　　次:	2019 年 6 月　第 3 版　第 3 次印刷　总第 29 次印刷
书　　号:	ISBN 978-7-114-12820-2
定　　价:	29.00 元

(有印刷、装订质量问题的图书由本公司负责调换)

第三版前言

本套中等职业教育国家规划教材,自 2002 年首次出版以来,获得师生的一致好评,被国内多所中等职业院校选为教学用书;2011 年,根据教学需求本套教材进行了修订,使之在结构和内容上与教学内容更加吻合,更注重对学生实践能力的培养。

为了体现现代职业教育理念,贴近汽车运用与维修专业实际教学目标,促进"教、学、做"更好结合,突出对学生技能的培养,使之成为技能型人才,故人民交通出版社股份有限公司组织相关老师再次对本套教材进行了修订。本次教材的修订,吸收了教材使用院校教师的意见和建议,经过与编者的认真研究和讨论,确定了修订方案。

《汽车自动变速器构造与维修》的修订工作,是以本书"新编版"为基础,在修订方案的指导下完成的。修订内容主要体现在以下几个方面:

(1) 增加液力变矩器特性的内容。
(2) 细化辛普森行星齿轮变速机构的内容。
(3) 部分实训车型更改为科鲁兹,以更好地适应中职技能大赛的要求。
(4) 更换部分图片,并纠正原版教材中的错误。

本书由周志伟、韩彦明、顾雯斌主编,樊雅双、郑宏军、刘伟俭任副主编,参与编写的还有孙永江、黄斌、吕学前、张立新、李培军、杨艳芬、柳振凯、于林发、侯建党、韩希国、高元伟、黄宜坤、马选刚、徐广勇、曲昌辉、张成利、宋孟辉。

限于编者水平,书中难免有疏漏和错误之处,恳请广大读者提出宝贵建议,以便进一步修改和完善。

编　者
2015 年 10 月

第二版前言

为了贯彻《中共中央国务院关于深化教育改革全面推进素质教育的决定》，落实《面向21世纪教育振兴行动计划》中提出的"职业教育课程改革和教材建设规划"，教育部全面启动了中等职业教育国家规划教材建设工作。交通职业教育教学指导委员会汽车运用与维修学科委员会组织全国交通职业学校（院）的教师，根据教育部最新颁布的汽车运用与维修专业的主干课程教学基本要求，编写了中等职业教育汽车运用与维修专业国家规划教材，共7册，并通过了全国中等职业教育教材审定委员会的审定。

本套教材的编写，融入了全国各交通职业学校（院）汽车运用与维修专业近20年来的教学改革成果，并结合了汽车维修企业的生产实践，具有较强的针对性。新教材较好地贯彻了素质教育的思想，力求体现以人为本的现代理念，从交通行业岗位群的知识和技能要求出发，并结合对培养学生创新能力、职业道德方面的要求，提出教学目标并组织教学内容，在教材的理论体系、组织结构、内容描述上，与传统教材有了明显的区别。为使教师和学生明确教学目的，培养学生的实践能力，在教材各章开始提出本章的教学目标，在各章教学内容之后，附有本章小结、复习与思考和实训要求，便于学生复习和各教学单位组织配套的实训课程。

《汽车自动变速器构造与维修（新编版）》的编写，以"创新职业教育理念、改革教育教学模式、提升学生职业素质、适应经济社会发展"为指导思想，采用职教专家、行业一线、学校、出版社"四结合"的编写模式。教材具有准确体现职业教育特点（以工作岗位所需的知识和技能为出发点）、理论内容"必需、够用"、实训内容贴合工作一线实际和选图讲究、易懂易学等特点。

本书的主编是周志伟（编写第二章）、韩彦明（编写第八章）、顾雯斌（编写第三章），副主编是樊雅双（编写第五章）、郑宏军（编写第六章）、刘伟俭（编写第四章）。张立新、李培军、杨艳芬、柳振凯、于林发、侯建党、韩希国、高元伟、黄宜坤、马选刚、徐广勇、曲昌辉、张成利、宋孟辉等编写了第一章和第七章。

限于编者经历及水平，教材内容很难覆盖全国各地的实际情况，希望教学单位在选用和推广国家规划教材的同时，注意总结经验，及时提出修改意见和建议，以便再版修订时改正。

交通职业教育教学指导委员会
汽车运用与维修学科委员会
二○一一年六月

第一版前言

为了贯彻《中共中央国务院关于深化教育改革全面推进素质教育的决定》，落实《面向21世纪教育振兴行动计划》中提出的"职业教育课程改革和教材建设规划"，教育部全面启动了中等职业教育国家规划教材建设工作。交通职业教育教学指导委员会汽车运用与维修学科委员会组织全国交通职业学校(院)的教师，根据教育部最新颁布的汽车运用与维修专业的主干课程教学基本要求，编写了中等职业教育汽车运用与维修专业国家规划教材共7册，并通过了全国中等职业教育教材审定委员会的审定。

本套教材的编写融入了全国各交通职业学校(院)汽车运用与维修专业近20年来的教学改革成果，并结合了汽车维修企业的生产实践，具有较强的针对性。新教材较好地贯彻了素质教育的思想，力求体现以人为本的现代理念，从交通行业岗位群的知识和技能要求出发，并结合对培养学生创新能力、职业道德方面的要求，提出教学目标并组织教学内容，在教材的理论体系、组织结构、内容描述上与传统教材有了明显的区别。为使教师和学生明确教学目的，培养学生的实践能力，在教材各章开始提出本章的教学目标，在各章教学内容之后，附有本章小结、复习与思考和实训要求，便于学生复习和各教学单位组织配套的实训课程。

《汽车自动变速器构造与维修》是中等职业教育汽车运用与维修专业国家规划教材之一，内容包括：总论、液力传动与液压控制基础、自动变速器的结构和工作原理、自动变速器检修仪器和设备的使用，自动变速器的检修、其他行星齿轮结构及典型自动变速器结构与原理、电控自动变速器的检修共七章。

参加本书编写工作的有：北京市交通学校吴玉基(编写第一、三、六章)、北京市交通学校王彦峰(编写第二章和第三章第一节)、北京市汽车修理公司六厂阚有波(编写第五、七章)、北京四惠汽车修理厂王海燕和福特汽车公司北京培训中心罗霄(编写第四章)，全书由北京市交通学校吴玉基担任主编，南京交通职业技术学院屠卫星担任责任编委。

本书由山东交通学院冯晋祥教授担任责任主审，山东交通学院姜华平副教授、徐安教授审稿。他们对书稿提出了宝贵意见，在此，表示衷心感谢。

限于编者经历及水平，教材内容很难覆盖全国各地的实际情况，希望各教学单位在积极选用和推广国家规划教材的同时，注意总结经验，及时提出修改意见和建议，以便再版修订时改正。

交通职业教育教学指导委员会
汽车运用与维修学科委员会
二〇〇二年五月

目 录

第一章 概述 ……………………………………………………………………… 1
第一节 自动变速器的组成和工作原理 …………………………………… 1
第二节 自动变速器的维护 ………………………………………………… 7
第三节 自动变速器总成的拆装 …………………………………………… 8

第二章 液力变矩器的构造与维修 ……………………………………………… 24
第一节 液力变矩器的构造和工作原理 …………………………………… 24
第二节 液力变矩器的维修 ………………………………………………… 31

第三章 自动变速器齿轮变速机构的构造与维修 ……………………………… 34
第一节 齿轮变速机构的构造与工作原理 ………………………………… 34
第二节 自动变速器换挡执行元件的构造与工作原理 …………………… 37
第三节 典型自动变速器齿轮变速机构的构造与工作原理 ……………… 40
第四节 自动变速器齿轮变速机构的维修 ………………………………… 55

第四章 自动变速器液压控制系统的构造与维修 ……………………………… 94
第一节 液压控制系统的构造与工作原理 ………………………………… 94
第二节 液压控制系统的维修 ……………………………………………… 100

第五章 自动变速器电子控制系统的构造与维修 ……………………………… 112
第一节 自动变速器电子控制系统的构造与工作原理 …………………… 112
第二节 电子控制系统的维修 ……………………………………………… 123

第六章 自动变速器性能测试 …………………………………………………… 134
第一节 手动换挡测试 ……………………………………………………… 134
第二节 机械系统的测试 …………………………………………………… 135
第三节 液压测试 …………………………………………………………… 137
第四节 道路试验 …………………………………………………………… 139

第七章 无级变速器的构造与维修 ……………………………………………… 143
第一节 无级变速器的构造与工作原理 …………………………………… 143

第二节　无级变速器的维修 ································· 151

第八章　双离合器自动变速器的构造与工作原理 ································· 176

第一节　双离合器自动变速器概述 ································· 176
第二节　02E双离合器自动变速器的构造与工作原理 ································· 177

参考文献 ································· 193

第一章 概　述

学习目标

1. 了解自动变速器的分类方法；
2. 掌握自动变速器的基本组成及工作原理；
3. 了解自动变速器的正确使用方法及换挡杆的正确使用方法；
4. 掌握自动变速器的维护方法；
5. 熟悉自动变速器总成的拆装方法。

第一节　自动变速器的组成和工作原理

所谓自动变速器是指汽车驾驶中离合器的操纵和变速器的操纵都实现了自动化,简称AT,是英文 Automatic Transmission 的缩写。目前,自动变速器的自动换挡等过程都是由自动变速器的电子控制单元(英文缩写为 ECU,俗称电脑)所控制,因此,自动变速器又可简称为EAT、ECAT、ECT 等。

一、自动变速器的分类

自动变速器可以按结构和控制方式、车辆驱动方式、挡位数的不同来分类。

1. 按结构和控制方式分类

自动变速器按结构和控制方式的不同,可以分为液力式自动变速器、无级自动变速器和机械式自动变速器。

(1)机械式自动变速器,简称 AMT,是英文 Automated Mechanical Transmission 的缩写,它是在原有手动、有级、普通齿轮变速器的基础上增加了电子控制系统,来自动控制离合器的接合、分离和变速器挡位的变换。机械式自动变速器由于原有的机械传动结构基本不变,所以齿轮传动固有的传动效率高、结构紧凑、工作可靠等优点被很好地保留了下来,在重型车的应用上具有很好的发展前景。

(2)无级自动变速器简称 CVT,是英文 Continuously Variable Transmission 的缩写,它是采用传动带和工作直径可变的主、从动轮相配合来传递动力,可以实现传动比的连续改变,这也是一种具有广阔发展前景的自动变速器。目前,在汽车上的应用已具有一定的市场份额,常见的有奥迪 A6 的 Multitronic 无级自动变速器、派力奥的 Speedgear 无级自动变速器、飞度的 CVT 无级自动变速器、旗云的 VT1F 无级自动变速器等。

（3）液力式自动变速器是目前应用最广泛、技术最成熟的自动变速器。按照控制方式的不同，液力式自动变速器可以分为液控液力自动变速器和电控液力自动变速器，目前乘用车上都是采用电控液力自动变速器；按照齿轮变速机构的不同，液力式自动变速器又可以分为行星齿轮自动变速器和平行轴式自动变速器；行星齿轮自动变速器应用最广泛，平行轴式自动变速器只在本田等个别车系中应用。行星齿轮自动变速器又可以分为辛普森式、拉威娜式等形式。

2. 按车辆的驱动方式分类

自动变速器按车辆驱动方式的不同，可以分为自动变速器（Automatic Transmission）和自动变速驱动桥（Automatic Transaxle），如图 1-1 所示。

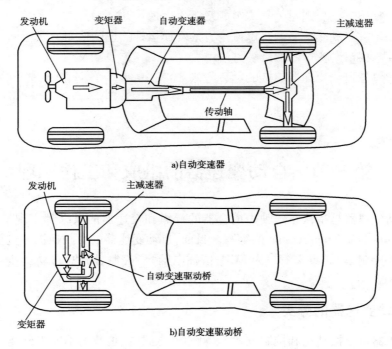

图 1-1　自动变速器和自动变速驱动桥

自动变速器用于发动机前置后轮驱动的布置形式，变速器与主减速器、差速器分开，而自动变速驱动桥用于发动机前置前轮驱动的布置形式，变速器与主减速器、差速器制成一个总成。

3. 按自动变速器前进挡的挡位数分类

按照自动变速器前进挡的挡位数的不同，自动变速器可以分为四挡、五挡、六挡自动变速器等。目前比较常见的是四挡和五挡自动变速器，在某些高级乘用车如丰田皇冠、宝马 7 系、奥迪 A8 等乘用车采用六挡自动变速器。

二、自动变速器的基本组成和工作原理

1. 基本组成

自动变速器主要由液力变矩器、齿轮变速机构、换挡执行元件、液压控制系统、电子控制

系统及冷却滤油装置等组成,如图 1-2 所示。

1)液力变矩器

液力变矩器位于自动变速器的最前端,安装在发动机的飞轮上,它是一个通过自动变速器油(ATF)传递动力的装置,可以实现动力的柔和传递。

液力变矩器的主要作用是利用 ATF 循环流动将发动机的动力传递给自动变速器齿轮变速机构的输入轴,并能根据汽车行驶阻力的变化,在一定范围内自动改变传动比,具有一定的减速增矩功能。液力变矩器还具有自动离合器的功用,在发动机不熄火、自动变速器位于动力挡(D 或 R 位)的情况下,汽车可以处于停车状态。

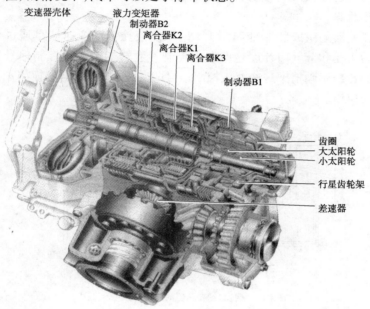

图 1-2 液力式自动变速器的结构

2)齿轮变速机构

齿轮变速机构可形成不同的传动比,组合成电控自动变速器不同的挡位。目前,绝大多数电控自动变速器采用行星齿轮变速机构进行变速,有的车型采用平行轴式普通齿轮变速机构(如本田车系)进行变速。

3)换挡执行元件

电控自动变速器换挡执行元件主要包括离合器、制动器和单向离合器,其中离合器和制动器是由液压控制系统控制其工作。

4)液压控制系统

液压控制系统是由油泵、各种控制阀及与之相连通的液压换挡执行元件,如离合器油缸、制动器油缸等组成液压控制回路。汽车行驶中根据驾驶员的要求和行驶条件的需要,控制离合器和制动器工作状况的改变来实现齿轮变速机构的自动换挡。

5)电子控制系统

电子控制系统主要包括各类传感器及开关、电子控制单元、执行器等。电子控制系统中的传感器及各种控制开关将发动机工况、车速等信号传递给电子控制单元(ECU),经 ECU

处理后发出控制指令给执行器,执行器和液压系统按一定规律控制换挡执行元件工作,实现自动变速器的自动换挡。

6)冷却滤油装置

自动变速器油(ATF)在自动变速器工作过程中会因冲击、摩擦产生热量,并还要吸收齿轮传动过程中所产生的热量,油温将会升高。油温升高将导致 ATF 黏度下降,传动效率降低,因此必须对 ATF 进行冷却,保持油温在 80~90℃。ATF 是通过油冷却器与冷却水或空气进行热量交换的。自动变速器工作中各部件磨损产生的机械杂质,由滤油器从油中过滤分离出去,以减少机件的磨损,防止液压油路的堵塞和控制阀的卡滞。

2. 基本工作原理

液控自动变速器的组成和原理如图 1-3 所示。液控自动变速器是通过机械传动方式,将汽车行驶时的车速和节气门开度这两个主控制参数转变为液压控制信号;液压控制系统的阀板总成中的各控制阀根据这些液压控制信号的变化,按照设定的换挡规律,操纵换挡执行元件实现自动换挡。

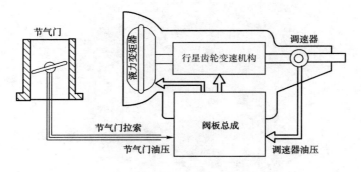

图 1-3 液控自动变速器的组成和原理示意图

电控自动变速器的组成和原理图如图 1-4 所示。电控自动变速器是通过各种传感器,将发动机的转速、节气门开度、车速、发动机冷却液温度、自动变速器油(ATF)温度等参数信号输入 ECU,ECU 根据这些信号,按照设定的换挡规律,向换挡电磁阀、油压电磁阀等发出动作控制信号,换挡电磁阀和油压电磁阀再将 ECU 的动作控制信号转变为液压控制信号,阀板中的各控制阀根据这些液压控制信号,控制换挡执行元件的动作,从而实现自动换挡过程。

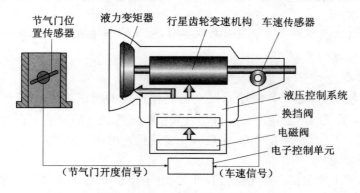

图 1-4 电控自动变速器的组成和原理图

三、自动变速器的正确使用

1. 正确驾驶的注意事项

1) 发动机起动

发动机起动时应注意以下事项：

(1) 起动时，自动变速器换挡杆必须停放在 P 位或 N 位。

(2) 汽车在停放状态下起动，必须拉紧驻车制动器操纵杆，踩下制动踏板，然后旋转点火开关起动发动机。在没有制动状态下起动发动机，有时会出现瞬间起步现象，容易发生意外。

2) 汽车起步

车辆发动机起动后（从停放状态下起动），须停留几秒钟再挂挡行车。换挡时，必须查看自动变速器换挡杆的位置或仪表板上挡位指示是否正确无误。选定挡位后，放松驻车制动器操纵杆，再缓慢放松制动器踏板，利用蠕动使汽车缓慢起步。

起步时要注意以下事项：

(1) 不允许边踩加速踏板边挂挡。

(2) 不允许先踩加速踏板后挂挡。

(3) 不允许踩着制动踏板或还未松开驻车制动器操纵杆，就猛踩加速踏板。

(4) 除必要时，挂上行驶挡后不应立即一脚把加速踏板踩到底。

3) 拖车

使用自动变速器的汽车，拖车时必须低速行驶（不得超过 50km/h），换挡杆置于 N 位，每次被牵引距离不得超过 50km。高速长距离牵引时，自动变速器内的旋转件，会因缺乏润滑而烧蚀，并发生卡滞。

自动变速器出现故障需要牵引车辆时，后轮驱动的车型应拆去传动轴；前轮驱动的车型应支起驱动轮。

4) 倒车

汽车完全停止行驶后，把换挡杆由 D 位换至 R 位。没有停稳时不允许从 D 位换入 R 位，也不允许从 R 位换入 D 位，否则会引起多片离合器和制动器损坏。

5) 临时停车

在等交通信号临时停车时，换挡杆置于 D 位，只需踩下制动踏板防止汽车蠕动，这样放松制动踏板就可以重新起步。但停车时间较长时，应使换挡杆置于 P 位或 N 位，须拉紧驻车制动器操纵杆。

6) 踩下加速踏板实现提前降挡

在汽车达到规定的降挡点车速时，稍踩加速踏板，即可实现降挡，并可获得和放松加速踏板升挡时一样的好处。

2. 自动变速器换挡杆的使用

常见的换挡杆位置大多布置在转向柱上或驾驶室地板上，如图 1-5 所示。

乘用车自动变速器的换挡杆通常有 6 或 7 个位置，如图 1-6 所示，其功能见表 1-1。

注意：发动机只有在换挡杆置于 N 或 P 位时才能起动，此功能靠驻车挡/空挡位开关

（又称空挡起动开关）来实现。

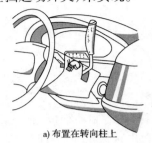

a) 布置在转向柱上

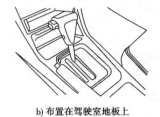

b) 布置在驾驶室地板上

图 1-5 换挡杆的位置

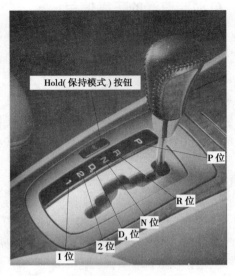

图 1-6 自动变速器换挡杆位置示意图

自动变速器各挡位名称及功用 表 1-1

换挡杆位置	挡位名称	挡位功用
P	驻车挡	驻车时使用。换挡杆在 P 位时，驻车锁定机构将变速器的输出轴锁住，使驱动轮不能转动，可防止车辆移动。当换入其他挡位时，驻车锁定机构被解除锁止
R	倒挡	倒车时使用。换挡杆在 R 位时，液压系统倒挡油路被接通，自动变速器处于倒挡状态，驱动轮反转，汽车实现倒向行驶
N	空挡	起动及临时停车时使用。换挡杆处于 N 位时，所有齿轮变速机构中的齿轮空转，不能输出动力。发动机只有在换挡杆处于 P 位或 N 位时，汽车才能起动，该功能依靠驻车挡/空挡位置开关来实现
$D_4(D)$	前进挡	一般行驶条件下使用。当处于 $D_4(D)$ 位时，液压系统控制装置根据节气门开度信号和车速信号自动接通相应的前进挡油路，齿轮变速机构在换挡执行元件的控制下得到相应的传动比。随着行驶条件的变化，在前进挡中自动升降挡，实现自动变速功能
$D_3(3)$	高速发动机制动挡	用于一般和上下坡行驶条件下使用。换挡杆位于该位置时，液压制动系统只能接通前进挡中的一、二、三挡油路，自动变速器只能在这 3 个挡位间自动换挡，无法升入四挡位，从而使汽车获得发动机制动效果
2(S)	中速发动机制动挡	用于发动机制动或在松软打滑路面上行驶。换挡杆置于此位置时，液压控制系统只能接通前进挡中的一、二挡油路，自动变速器只能在这两个挡位间自动换挡，无法升入更高的挡位，从而使汽车获得发动机制动效果
1(L)	低速发动机制动挡	用于发动机制动，当换挡杆位于 1(L) 位时，变速器被锁定在前进挡的一挡，这时发动机的制动作用更强，该挡多用于山区行驶、爬陡坡或下坡时，能有效地利用发动机的制动作用来稳定车速

第二节 自动变速器的维护

一、实训器材

(1)车辆:丰田卡罗拉乘用车(配备 U341E 型自动变速器)。
(2)普通工具:组合扳手、扭力扳手。
(3)其他:磁力护裙、转向盘护套、换挡杆手柄套、脚垫和座位套、加油机、回收桶、"Toyota Genuine ATF WS"(丰田纯正 ATF WS)和抹布等。

二、准备工作

(1)汽车进入工位前,将工位清理干净,准备好相关的器材。
(2)套上转向盘护套、换挡杆手柄套和座位套,铺设脚垫。
(3)将车辆停放在水平地面上。
(4)拉紧驻车制动器操纵杆,并将换挡杆置于 P 位置(图 1-7)。
(5)在车内拉动发动机舱盖手柄,在车外打开并支撑发动机舱盖(图 1-8)。
(6)粘贴翼子板和前脸磁力护裙。

图 1-7 挂入 P 位置

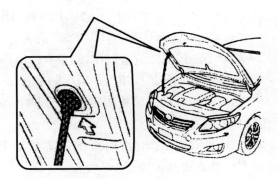

图 1-8 支撑发动机舱盖

三、操作步骤

1. 自动变速器油(ATF)液面高度的检查(车上检查)

注意:驾驶车辆,使发动机和自动变速器处于正常工作温度下。自动变速器油液温度:70~80℃。自动变速器油液容量:6.4L。

(1)在发动机怠速且制动踏板踩下的情况下,将换挡杆从 P 位置换到 L 位置的所有位置,然后回到 P 位置。
(2)拉出 ATF 油尺并将其擦干净。
(3)将 ATF 油尺完全推回到油管中。

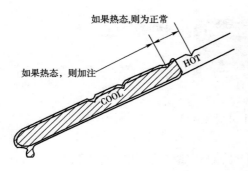

图 1-9　ATF 液面高度检查

(4) 再次拉出 ATF 油尺,并检查液位是否在 HOT 范围内,如图 1-9 所示。如果液位低于 HOT 范围,应加注新的 ATF 并重新检查液位高度。如果液位超过 HOT 范围,排放一次,添加适量的新的 ATF 并重新检查液位。

2. P/N 位置开关总成的检查(车上检查)

(1) 拉紧驻车制动器操纵杆并将点火开关置于 ON(IG) 位置。

(2) 踩下制动踏板,检查并确认当换挡杆在 N 或 P 位置时发动机能起动,而在其他位置时不能起动。

(3) 检查并确认当换挡杆在 R 位置时倒车灯点亮,倒挡警告蜂鸣器鸣响,但在其他位置不起作用。

如果发现故障,则应检查 P/N 位置开关的导通性。

3. 换挡锁止控制单元总成的检查(车上检查)

1) 换挡锁止工作情况的检查

(1) 将换挡杆移至 P 位置。

(2) 将点火开关置于 OFF 位置。

(3) 检查并确认换挡杆不能从 P 位置移至任何其他位置。

(4) 将开关置于 ON(IG) 位置,踩下制动踏板,检查并确认换挡杆可移至其他位置。

如果不能按规定进行操作,则检查换挡锁止控制单元。

2) 换挡锁止释放按钮工作情况的检查

在按下换挡锁止释放按钮的情况下移动换挡杆时,检查并确认换挡杆可从 P 位置移至任何其他位置。

3) 钥匙互锁工作情况的检查(不带智能上车进入和起动系统)

(1) 将点火开关置于 ON 位置。

(2) 踩下制动踏板,并将换挡杆置于除 P 位置外的任何其他位置。

(3) 检查并确认点火钥匙不能置于 LOCK 位置。

(4) 将换挡杆移至 P 位置,将点火钥匙置于 LOCK 位置,检查并确认点火钥匙可以取下。

如果不能按规定进行操作,则检查换挡锁止控制单元。

第三节　自动变速器总成的拆装

拆装丰田卡罗拉乘用车 U341E 型自动变速器相关部件如图 1-10 ~ 图 1-17 所示。

第一章 概 述

一、实训器材

(1) 车辆:丰田卡罗拉乘用车(装有 U341E 型自动变速器)。

(2) 普通工具:举升机、组合扳手、螺丝刀、钳子、扭力扳手。

(3) 检测工具:游标卡尺、直尺。

(4) 其他:磁力护裙、转向盘护套、换挡杆手柄套、脚垫和座位套、丰田原厂黏合剂 1324、THREE BOND 1324 或同等产品、丰田原厂 ATF WS 自动变速器油液。

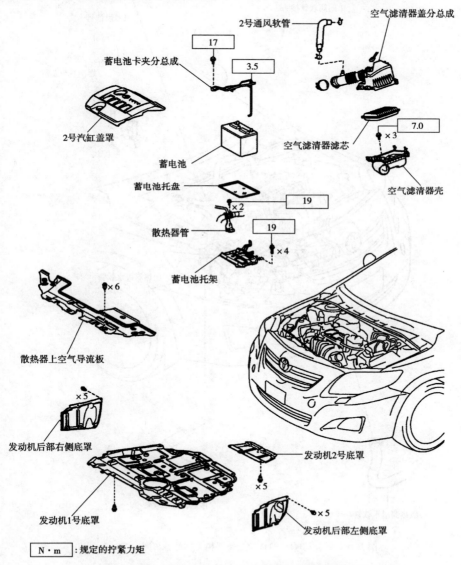

图 1-10 拆装 U341E 型自动变速器相关部件分解图(一)

二、准备工作

(1) 汽车进入工位前,将工位清理干净,准备好相关的器材。

(2)将汽车停驻在举升机中央位置。

(3)拉紧驻车制动器操纵杆,并将换挡杆置于 N 位置。

(4)套上转向盘护套、换挡杆手柄套和座位套,铺设脚垫。

(5)在车内拉动发动机舱盖手柄,在车外打开并支撑发动机舱盖(参见图1-8)。

(6)粘贴翼子板和前脸磁力护裙。

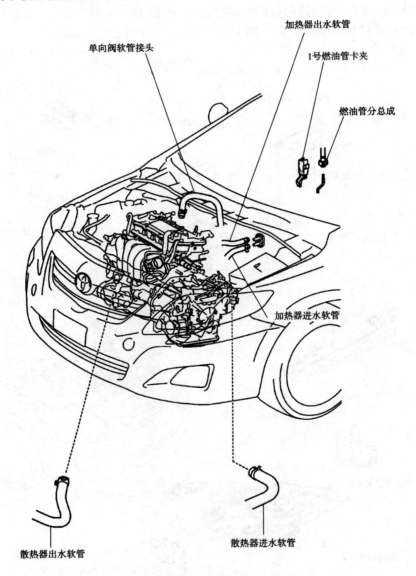

图 1-11　拆装 U341E 型自动变速器相关部件分解图(二)

三、操作步骤

1. 自动变速器总成的拆卸

(1)对燃油系统卸压。

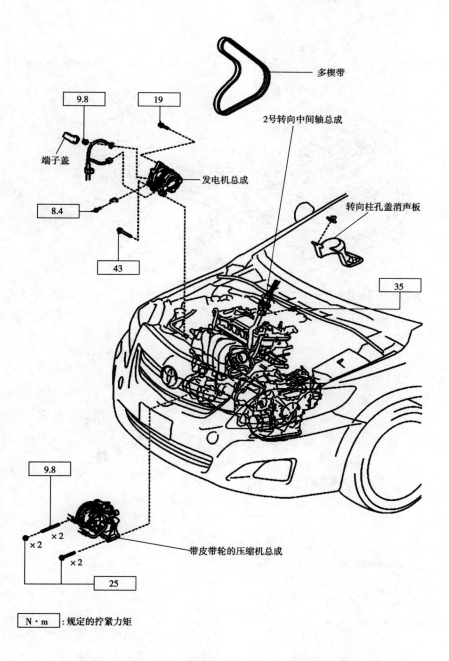

图 1-12 拆装 U341E 型自动变速器相关部件分解图(三)

(2)使前轮处于正前位置。
(3)拆卸前轮。
(4)拆卸发动机后部左侧底罩。
(5)拆卸发动机后部右侧底罩。
(6)拆卸发动机 1 号底罩。

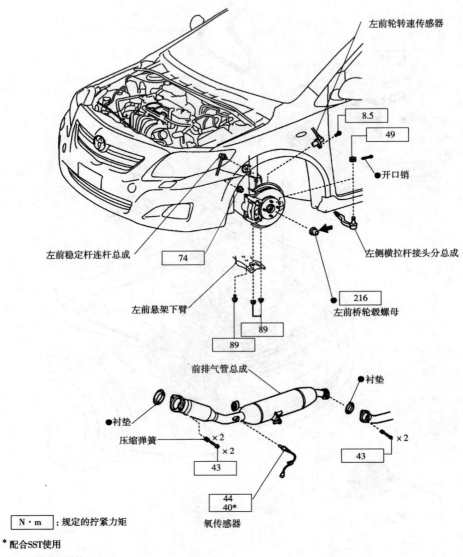

图 1-13　拆装 U341E 型自动变速器相关部件分解图(四)

(7) 拆卸发动机 2 号底罩。
(8) 排净发动机冷却液。
(9) 排空自动变速器油。
(10) 拆卸散热器上空气导流板。

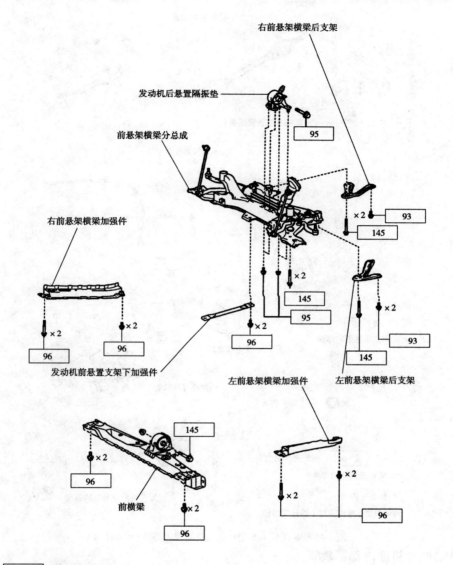

图1-14 拆装U341E型自动变速器相关部件分解图(五)

(11)拆卸2号汽缸盖罩。
(12)拆卸空气滤清器盖分总成。
(13)拆卸空气滤清器壳。
(14)拆卸蓄电池。
(15)拆卸蓄电池托架。
(16)分离散热器进水软管。
(17)分离散热器出水软管。
(18)断开变速器控制拉索总成。

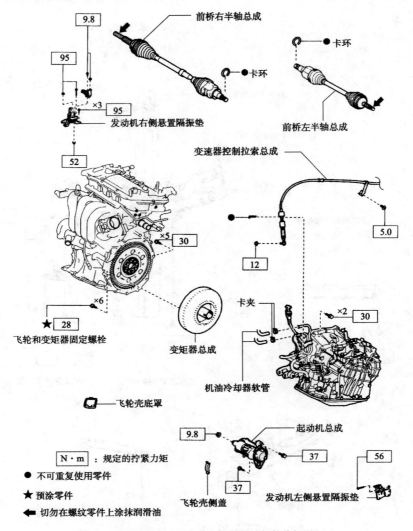

图1-15 拆装U341E型自动变速器相关部件分解图(六)

(19)断开机油冷却器软管。

(20)断开加热器出水软管。

(21)断开加热器进水软管。

(22)断开燃油管分总成。

(23)拆卸多楔带。

(24)拆卸发电机总成。

(25)分离带皮带轮的压缩机总成。

(26)断开线束。

(27)固定转向盘。

(28)拆卸转向柱孔盖消声板。

(29)分离2号转向中间轴总成。

(30)断开转向柱1号孔盖分总成。

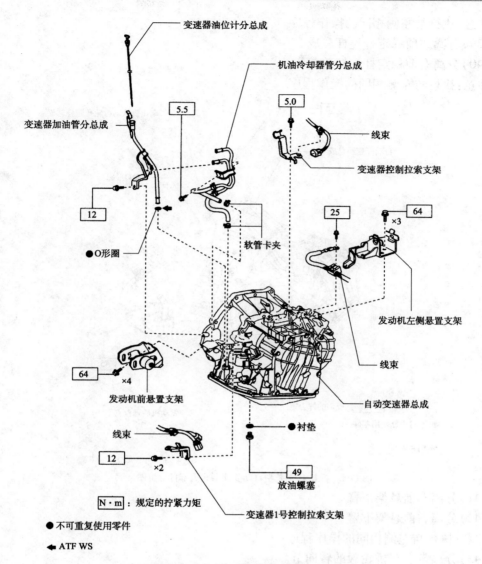

图1-16 拆装U341E型自动变速器相关部件分解图(七)

(31)拆卸氧传感器。
(32)拆卸前排气管总成。
(33)拆卸左前桥轮毂螺母。
(34)拆卸右前桥轮毂螺母。
注意：执行与左侧相同的操作程序。
(35)断开左前轮转速传感器。
(36)断开右前轮转速传感器。
注意：执行与左侧相同的操作程序。
(37)分离左侧横拉杆接头分总成。
(38)分离右侧横拉杆接头分总成。

注意：执行与左侧相同的操作程序。

(39)分离左前稳定杆连杆总成。

(40)分离右前稳定杆连杆总成。

注意：执行与左侧相同的操作程序。

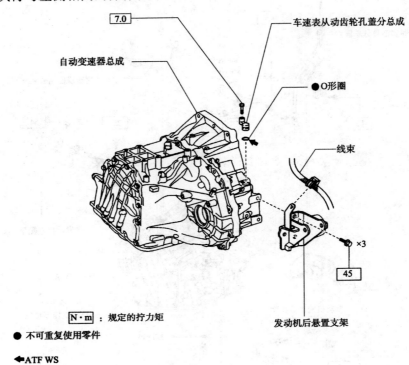

图 1-17 拆装 U341E 型自动变速器相关部件分解图（八）

(41)分离左前悬架下臂。

(42)分离右前悬架下臂。

注意：执行与左侧相同的操作程序。

(43)分离带左车桥轮毂的转向节。

(44)分离带右车桥轮毂的转向节。

注意：执行与左侧相同的操作程序。

(45)拆卸前桥左半轴总成。

(46)拆卸前桥右半轴总成。

(47)拆卸飞轮壳底罩，如图 1-18 所示。

(48)拆卸飞轮和变矩器固定螺栓。如图 1-19 所示，用扳手固定曲轴皮带轮螺栓，拆下 6 个变矩器固定螺栓。

(49)拆卸发动机前悬置支架下加强件。

(50)拆卸左前悬架横梁加强件。

(51)拆卸右前悬架横梁加强件。

(52)拆卸左前悬架横梁后支架。

(53)拆卸右前悬架横梁后支架。
(54)拆卸前悬架横梁分总成。
(55)拆卸前横梁。
(56)拆卸带自动变速器的发动机总成。
(57)拆卸发动机后悬置隔振垫。
(58)安装发动机吊架。

图 1-18　自动变速器总成的拆卸(一)　　　图 1-19　自动变速器总成的拆卸(二)

(59)拆卸自动变速器壳侧盖。
(60)拆卸起动机总成。
(61)拆卸自动变速器总成。如图 1-20 所示，拆下 7 个螺栓，从发动机上拆下自动变速器。
(62)拆卸发动机左侧悬置支架。如图 1-21 所示，拆下 3 个螺栓，从自动变速器上拆下发动机左悬置支架。

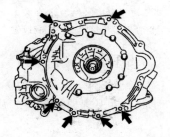 

图 1-20　自动变速器总成的拆卸(三)　　　图 1-21　自动变速器总成的拆卸(四)

(63)拆卸发动机前悬置支架。如图 1-22 所示，拆下 4 个螺栓，从自动变速器上拆下发动机前悬置支架。
(64)拆卸发动机后悬置支架。如图 1-23 所示，分离线束卡夹，从发动机后悬置支架上拆下线束。拆下 3 个螺栓，从自动变速器上拆下发动机后悬置支架。

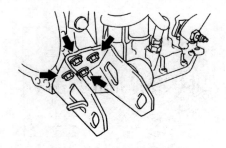 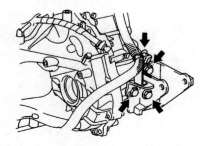

图 1-22　自动变速器总成的拆卸(五)　　　图 1-23　自动变速器总成的拆卸(六)

(65)拆卸变速器控制拉索支架。如图1-24所示,分离转速传感器连接器和变速器控制拉索支架,从自动变速器上拆下线束。拆下螺栓,从自动变速器上拆下变速器控制拉索支架。

(66)拆卸机油冷却器管分总成。如图1-25所示,拆下两个软管卡夹和螺栓,拆下机油冷却器管分总成。

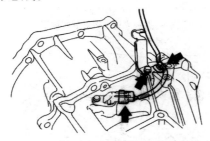
图1-24 自动变速器总成的拆卸(七)

图1-25 自动变速器总成的拆卸(八)

(67)拆卸变速器加油管分总成。如图1-26所示,拆下变速器油位计分总成,拆下螺栓和变速器加油管分总成,从变速器加油管分总成上拆下O形密封圈。

(68)拆卸变速器1号控制拉索支架。如图1-27所示,分离2个连接器和线束卡夹,从自动变速器上拆下线束。拆下两个螺栓,从自动变速器上拆下变速器1号控制拉索支架。

图1-26 自动变速器总成的拆卸(九)

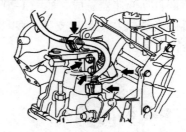
图1-27 自动变速器总成的拆卸(十)

(69)拆卸速度表从动齿轮孔盖分总成。如图1-28所示,拆下螺栓和车速表从动齿轮孔盖分总成。

(70)拆卸变矩器总成。从自动变速器上拆下变矩器。

2. 自动变速器总成的安装

(1)检查变矩器总成。

(2)安装变矩器总成。

①如图1-29所示,使用游标卡尺,测量发动机自动变速器装配部件与飞轮和变矩器装配部件之间的尺寸A。

图1-28 自动变速器总成的拆卸(十一)

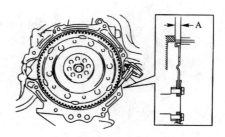
图1-29 自动变速器总成的安装(一)

②如图 1-30 所示,将键放在前机油泵主动齿轮顶部,并在壳体上做好装配标记。
③如图 1-31 所示,在变矩器上做好装配标记,以清晰指示它的凹槽。

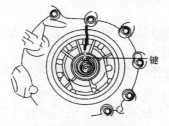

图 1-30　自动变速器总成的安装(二)

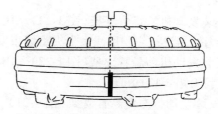

图 1-31　自动变速器总成的安装(三)

④如图 1-32 所示,对准壳体和变矩器上的装配标记,将输入轴花键装配到涡轮转子花键上。
⑤如图 1-33 所示,转动变矩器,将定子轴花键装配到定子花键上。
注意:转动变矩器约 180°。

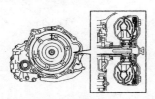

图 1-32　自动变速器总成的安装(四)

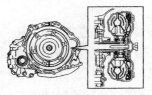

图 1-33　自动变速器总成的安装(五)

⑥如图 1-34 所示,转动变矩器,再次对准壳体和变矩器上的标记,将机油泵主动齿轮键装配到变矩器键槽中。
注意:转动时请勿过度推动变矩器。
⑦用游标卡尺和直尺,测量如图 1-35 所示的尺寸 B,检查并确认尺寸 B 比在步骤①测量的尺寸 A 大。标准:$(A+1)$mm 或更大。
注意:用测量值减去直尺的厚度以得到尺寸 B。

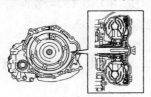

图 1-34　自动变速器总成的安装(六)

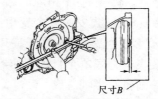

图 1-35　自动变速器总成的安装(七)

(3)安装速度表从动齿轮孔盖分总成(图 1-28)。用螺栓将速度表从动齿轮孔盖分总成安装至自动变速器,拧紧力矩:7.0N·m。
(4)安装变速器 1 号控制拉索支架(图 1-27)。用 2 个螺栓将变速器 1 号控制拉索支架安装至自动变速器,拧紧力矩:12N·m。连接两个连接器,并将卡夹安装至自动变速器。
(5)安装变速器加油管分总成(图 1-26)。在新 O 形密封圈上涂 ATF,并将其安装至变速器加油管分总成。用螺栓将变速器加油管分总成安装至自动变速器,拧紧力矩:12N·m。将变速器油位计分总成安装至变速器加油管分总成。
(6)安装机油冷却器管分总成(图 1-25)。用 2 个软管卡夹将 2 个机油冷却器软管连接至 2 个接头。用螺栓将机油冷却器管分总成安装至自动变速器,拧紧力矩:5.5N·m。

(7) 安装变速器控制拉索支架(图1-24)。用螺栓将变速器控制拉索支架安装至自动变速器,拧紧力矩:5.0N·m。将卡夹连接至变速器控制拉索支架上,并将转速传感器连接器连接至转速传感器。

(8) 安装发动机后悬置支架(图1-23)。用3个螺栓将发动机后悬置支架安装至自动变速器,拧紧力矩:45N·m。用线束卡夹将线束安装至发动机后悬置支架。

(9) 安装发动机前悬置支架(图1-22)。用4个螺栓将发动机前悬置支架安装到自动变速器上,拧紧力矩:64N·m。

(10) 安装发动机左侧悬置支架(图1-21)。用3个螺栓将发动机左悬置支架安装至自动变速器,拧紧力矩:64N·m。

(11) 安装自动变速器总成(图1-20)。用7个螺栓将自动变速器安装至发动机,拧紧力矩:30N·m。

(12) 安装起动机总成。

(13) 安装飞轮壳侧盖。

(14) 安装发动机后悬置隔振垫。

(15) 安装带自动变速器的发动机总成。

(16) 安装前横梁。

(17) 安装前悬架横梁分总成。

(18) 安装左前悬架横梁后支架。

(19) 安装右前悬架横梁后支架。

(20) 安装左前悬架横梁加强件。

(21) 安装右前悬架横梁加强件。

(22) 安装发动机前悬置下支架加强件。

(23) 安装飞轮和变矩器固定螺栓(图1-19)。在6个变矩器固定螺栓尖头的两圈螺纹上滴几滴黏合剂。黏合剂:丰田原厂黏合剂1324、THREE BOND 1324或同等产品。用扳手固定曲轴皮带轮螺栓,再安装6个变矩器固定螺栓,拧紧力矩:28N·m。

注意:先安装黑色螺栓,然后安装其余5个螺栓。

(24) 安装飞轮壳底罩至自动变速器(图1-18)。

(25) 安装前桥左半轴总成。

(26) 安装前桥右半轴总成。

(27) 安装带左车桥轮毂的转向节。

(28) 安装带右车桥轮毂的转向节。

注意:执行与左侧相同的操作程序。

(29) 安装左前悬架下臂。

(30) 安装右前悬架下臂。

注意:执行与左侧相同的操作程序。

(31) 安装左前稳定杆连杆总成。

(32) 安装右前稳定杆连杆总成。

注意:执行与左侧相同的操作程序。

(33)连接左侧横拉杆接头分总成。
(34)连接右侧横拉杆接头分总成。
注意:执行与左侧相同的操作程序。
(35)安装左前轮转速传感器。
(36)安装右前轮转速传感器。
注意:执行与左侧相同的操作程序。
(37)安装左前桥轮毂螺母。
(38)安装右前桥轮毂螺母。
注意:执行与左侧相同的操作程序。
(39)安装前排气管总成。
(40)安装氧传感器。
(41)安装转向柱1号孔盖分总成。
(42)安装2号转向中间轴总成。
(43)安装转向柱孔盖消声板。
(44)安装线束。
(45)安装带皮带轮的压缩机总成。
(46)安装发电机总成。
(47)安装多楔带。
(48)调整多楔带。
(49)检查多楔带。
(50)连接燃油管分总成。
(51)连接加热器进水软管。
(52)连接加热器出水软管。
(53)连接止回阀软管接头。
(54)连接机油冷却器软管。
(55)安装变速器控制拉索总成。
(56)连接散热器出水软管。
(57)连接散热器进水软管。
(58)安装蓄电池托架。
(59)安装蓄电池。
(60)安装空气滤清器壳。
(61)安装空气滤清器盖分总成。
(62)安装前轮。
(63)添加发动机冷却液。
(64)添加自动变速器油。油液类型:丰田原厂ATF WS;容量:2.9L。
(65)检查自动变速器油液面高度。
(66)检查自动变速器油是否有泄漏。
(67)检查燃油是否有泄漏。

（68）检查冷却液是否有泄漏。
（69）检查机油是否有泄漏。
（70）检查废气是否有泄漏。
（71）调整换挡杆位置。
（72）检查换挡杆位置。
（73）安装发动机 2 号底罩。
（74）安装发动机 1 号底罩。
（75）安装发动机后部左侧底罩。
（76）安装发动机后部右侧底罩。
（77）检查点火正时。
（78）检查发动机怠速转速。
（79）检查 CO/HC 排放量。
（80）检查并调整前轮定位。
（81）安装 2 号汽缸盖罩。
（82）安装散热器上空气导流板。
（83）进行初始化。
（84）检查防抱死制动系统（ABS）的转速传感器信号。

☞ 小结

1. 自动变速器按结构、控制方式的不同，可以分为液力式自动变速器、无级自动变速器和机械式自动变速器；按车辆驱动方式的不同，可以分为自动变速器和自动变速驱动桥；按照自动变速器前进挡的挡位数，自动变速器可以分为四挡、五挡、六挡自动变速器等。

2. 自动变速器主要由液力变矩器、齿轮变速机构、换挡执行元件、液压控制系统、电子控制系统等组成。

3. 乘用车自动变速器的换挡杆通常有 6 或 7 个位置，如 P、R、N、D、3、2、L。只有当换挡杆置于 N 或 P 位置时，才能起动发动机，此功能靠 P/N 位置开关来实现。

4. 自动变速器的维护项目，主要包括自动变速器油液面高度的检查、P/N 位置开关总成的检查和换挡锁止控制单元总成的检查等。

复习思考题

一、简答题

1. 简述自动变速器基本组成及各部分的功用。
2. 画出电控自动变速器的工作简图，并简要说明电控自动变速器工作原理。
3. 自动变速器各挡位名称及功用是什么？
4. 简述自动变速器油（ATF）液面高度的检查方法。

二、选择题

1. 目前,乘用车自动变速器换挡杆通常有( )个位置。
   A. 2 或 3　　　　　B. 4 或 5　　　　　C. 6 或 7

2. 以下( )符号表示自动变速器处于空挡。
   A. D　　　　　　　B. N　　　　　　　C. R

3. 换挡杆在( )位时,液压控制系统倒挡油路被接通,自动变速器处于倒挡状态,车辆驱动轮反转,实现倒车行驶。
   A. D　　　　　　　B. N　　　　　　　C. R

三、判断题

1. 自动变速器的作用是连接发动机和驱动车轮。　　　　　　　　　　　　　　( )

2. 自动变速器主要由液力变矩器、齿轮变速机构、换挡执行元件、液压控制系统、电子控制系统等组成。　　　　　　　　　　　　　　　　　　　　　　　　　　　　　　　( )

3. 换挡杆在 N 位时,驻车锁定机构将变速器的输出轴锁住,使驱动轮不能转动,可防止车辆移动。　　　　　　　　　　　　　　　　　　　　　　　　　　　　　　　　( )

第二章 液力变矩器的构造与维修

1. 掌握液力变矩器的功用和基本组成;
2. 掌握液力变矩器的工作原理;
3. 掌握液力变矩器单向离合器和锁止离合器的基本结构和工作原理;
4. 熟悉液力变矩器常见维修项目及方法。

第一节 液力变矩器的构造和工作原理

一、液力变矩器的功用和组成

1. 功用

液力变矩器位于发动机和自动变速器齿轮变速机构之间,以自动变速器油(ATF)为工作介质,主要完成以下功用:

(1)传递转矩。发动机的转矩通过液力变矩器的主动元件,再通过 ATF 传给液力变矩器的从动元件,最后传给自动变速器齿轮变速机构。

(2)无级变速。根据工况的不同,液力变矩器可以在一定范围内实现转速和转矩的无级变化。

(3)自动离合。液力变矩器由于采用 ATF 传递动力,当踩下制动踏板时,发动机也不会熄火,此时相当于离合器分离;当抬起制动踏板时,汽车可以起步,此时相当于离合器接合。

(4)驱动油泵。ATF 在工作的时候需要油泵提供一定的压力,而油泵一般是由液力变矩器壳体驱动的。

同时由于采用 ATF 传递动力,液力变矩器的动力传递柔和且能防止传动系过载。

2. 组成

如图 2-1 所示,液力变矩器通常由泵轮、涡轮和导轮 3 个元件组成,称为三元件液力变矩器。也有的采用两个导轮,则称为四元件液力变矩器。

液力变矩器总成封在一个钢制壳体(变矩器壳体)中,内部充满 ATF。液力变矩器壳体通过螺栓与发动机曲轴后端的飞轮连接,与发动机曲轴一起旋转。泵轮位于液力变矩器的后部,与变矩器壳体连在一起。涡轮位于泵轮前,通过带花键的从动轴向后面的自动变速器齿轮变速机构输出动力。泵轮(图2-2)、涡轮(图2-3)和导轮(图2-4)上都带有叶片。导轮位于泵轮与涡轮之间,通过单向离合器支承在固定套管上,使得导轮只能单向旋转(顺时针旋转)。液力变矩器装配好后形成环形内腔,其间充满ATF。

图 2-1 液力变矩器的组成

图 2-2 泵轮的结构　　图 2-3 涡轮的结构　　图 2-4 导轮的结构

二、液力变矩器的工作原理

1. 动力的传递

液力变矩器的工作原理可以通过一对风扇的工作来描述,如图2-5所示。将风扇A通电,因气流的吹动作用,并使未通电的电扇B也转动起来,此时动力由电扇A传递到电扇B。为了实现转矩的放大,在两台电风扇的背面加上一条空气通道,使穿过风扇B的气流通过空气通道的导向,从电扇A的背面流回,这会加强电风扇A吹动的气流,使吹向电风扇B的转矩增加。即电风扇A相当于泵轮,电风扇B相当于涡轮,空气通道相当于导轮,空气相当于ATF。

液力变矩器工作时,壳体内充满ATF,发动机带动壳体旋转,壳体带动泵轮旋转,泵轮的叶片使ATF旋动起

图 2-5 液力变矩器的工作模型

来,并冲击到涡轮的叶片;如果作用在涡轮叶片上的冲击力大于作用在涡轮上的阻力,涡轮将开始转动,并使自动变速器齿轮变速机构的输入轴一起转动。由涡轮叶片流出的 ATF 经过导轮后再流回到泵轮,形成如图 2-6 所示的循环流动。

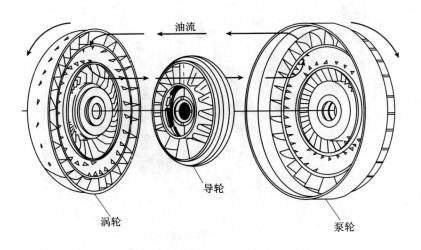

图 2-6　ATF 在液力变矩器中的循环流动

具体来说,上述 ATF 的循环流动是两种运动的合运动。当液力变矩器工作,泵轮旋转时,泵轮叶片带动 ATF 旋转起来,ATF 绕着泵轮轴线作圆周运动;同样随着涡轮的旋转,ATF 也绕着涡轮轴线作圆周运动。旋转起来的 ATF 在离心力的作用下,沿着泵轮和涡轮的叶片从内缘流向外缘。当泵轮转速大于涡轮转速时,泵轮叶片外缘的液压大于涡轮外缘的液压。因此,ATF 在作圆周运动的同时,在上述压差的作用下由泵轮流向涡轮,再流向导轮,最后返回泵轮,形成在液力变矩器环形腔内的循环运动。

2. 转矩的放大

下面用液力变矩器工作轮的展开图来说明液力变矩器的转矩放大原理,展开图的制取方法如图 2-7 所示。即将循环圆上的中间流线(此流线将液流通道断面分割成面积相等的内外两部分)展开成一直线,各循环圆中间流线均在同一平面上展开,于是在展开图上,液力变矩器的泵轮 B、涡轮 W 和导轮 D 便成为三个环形平面,且工作轮的叶片角度也清楚地显示出来。图 2-8 为液力变矩器工作原理图,为便于说明,设发动机转速及负荷不变,即变矩器泵轮的转速 n_B 及转矩 M_B 为常数。

当发动机运转而汽车还未起动时,涡轮转速 n_W 为零,如图 2-8a)所示。变矩器油在泵轮叶片的带动下,以一定的绝对速度沿图中箭头 1 的方向冲向涡轮叶片,对涡轮有一作用力,

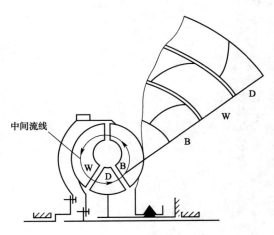

图 2-7　液力变矩器工作轮展开示意图
B-泵轮;W-涡轮;D-导轮

产生绕涡轮轴的转矩。因此时涡轮静止不动,液流则沿着叶片流出涡轮并冲向导轮,其方向如图2-8a)中箭头2所示,该液流对导轮产生作用力矩。然后液流再从固定不动的导轮叶片沿箭头3的方向流回到泵轮中。当液流流过叶片时,对叶片作用有冲击力矩,液流此时也受到叶片的反作用力矩,其大小与作用力矩相等,方向相反。作用力矩与反作用力矩的方向及大小与液流进出工作轮的方向有关。设泵轮、涡轮和导轮对液流的作用力矩分别为 M_B、M_W 和 M_D,方向如图2-8a)中箭头所示。根据液流受力平衡条件,三者在数值上满足关系式 $M_W = M_B + M_D$,即涡轮转矩等于泵轮转矩与导轮转矩之和。显然,此时涡轮转矩 M_W 大于泵轮转矩 M_B,即液力变矩器起了增大转矩的作用。

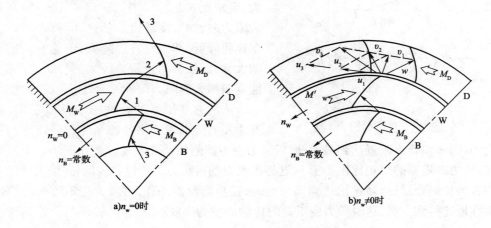

图2-8 液力变矩器工作原理图

当液力变矩器输出的转矩,经传动系传到驱动车轮上所产生的牵引力足以克服汽车起步阻力时,汽车即起步并开始加速,与之相连的涡轮转速 n_W 也从零开始逐渐增加。设液流沿叶片方向流动的相对速度为 w,沿圆周方向运动的牵连速度为 u,设泵轮转速不变,即液流在涡轮出口处的相对速度不变,由图2-8b)可见,冲向导轮叶片的液流的绝对速度 v 将随牵连速度 u 的增大而逐渐向左倾斜,使导轮上所受的转矩值逐渐减小,即液力变矩器的转矩放大作用随之减小。

当涡轮转速增大到某一数值,由涡轮流出的液流(如图2-8b)中 v 所示方向)正好沿导轮出口方向冲向导轮时,由于液体流经导轮时方向不改变,故导轮转矩 M_D 为零,于是涡轮转矩与泵轮转矩相等,即 $M_W = M_B$。

若涡轮转速 n_W 继续增大,液流绝对速度 v 方向继续向左倾,导轮转矩方向与泵轮转矩方向相反,则涡轮转矩为前二者转矩之差($M_W = M_B - M_D$),即液力变矩器输出转矩反而比输入转矩小,当涡轮转速增大到与泵轮转速相等时,工作液在循环圆中的循环流动停止,将不能传递动力。

3. 液力变矩器特性

液力变矩器在泵轮的转速 n_B 及转矩 M_B 不变的条件下,变矩比 K、传动效率 η 与转速比 i 之间的变化规律,即为液力变矩器特性,可用图2-9表示。

液力变矩器输出转速(即涡轮转速 n_W)与输入转速(即泵轮转速 n_B)之比称为液力变矩

器的转速比,用 i 表示,$i = n_W/n_B \leq 1$。

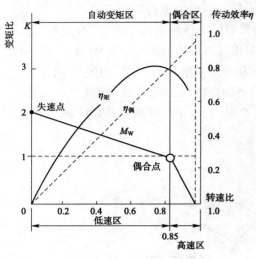

图 2-9 液力变矩器特性(n_W = 常数)

液力变矩器输出转矩(即涡轮转矩 M_W)与输入转矩(即泵轮转矩 M_B)之比称为液力变矩器的变矩比,用 K 表示,即 $K = M_W/M_B$。

液力变矩器的传动效率为输出功率与输入功率之比,即 $\eta = P_W/P_B = Ki \leq 1$。

从液力变矩器特性中可以看出,变矩比 K 是随涡轮转速的改变而连续变化的,转速比越大,变矩比 K 越小。当汽车起步、上坡或遇到较大阻力时,如果发动机的转速和负荷不变,这时车速将降低,即涡轮转速降低,于是变矩比相应增大,因而使驱动轮获得较大的转矩,保证汽车能克服增大的阻力而继续行驶。

从液力变矩器的特性图中可以看出,液力变矩器的传动效率刚开始是随着转速比的增大而增大的,到了偶合点附近达到最大,而后液力变矩器的传动效率随转速比的增加而开始下降,同时液力变矩器的变矩比也小于1,这将影响发动机动力的传递。因此,在液力变矩器中都安装有锁止离合器,当转速比达到偶合点时,锁止离合器工作,将液力变矩器中的泵轮和涡轮刚性地连接到一起,这时液力变矩器的传动效率为100%,涡轮的转矩与泵轮的转矩相等($M_W = M_B$)。

4. 偶合工作特性

液力变矩器的变矩特性只有在泵轮与涡轮转速相差较大的情况下才成立,随着涡轮转速的不断提高,从涡轮回流的ATF会按顺时针方向冲击导轮。若导轮仍然固定不动,ATF将会产生涡流,阻碍其自身的运动。为此绝大多数液力变矩器在导轮机构中增设了单向离合器,也称自由轮机构。当涡轮与泵轮转速相差较大时,单向离合器处于锁止状态,导轮不能转动。当涡轮转速达到泵轮转速的85%~90%时(图2-9中的偶合点),单向离合器导通,导轮空转,不起导流的作用,液力变矩器的输出转矩不能增加,只能等于泵轮的转矩,此时称为偶合状态。

5. 失速特性

液力变矩器失速状态(图2-9中的失速点)是指涡轮因负荷过大而停止转动,但泵轮仍保持旋转的现象,此时液力变矩器只有动力输入而没有输出,全部输入能量都转化成热能,因此变矩器中的ATF温度急剧上升,会对变矩器造成严重危害。失速点转速是指涡轮停止转动时的液力变矩器输入转速,该转速大小取决于发动机转矩、变矩器的尺寸和导轮、涡轮的叶片角度。

三、典型液力变矩器

典型的液力变矩器如图2-10所示,主要由泵轮、涡轮、带单向离合器的导轮、变矩器壳体、涡轮轴、锁止离合器等组成。下面仅介绍单向离合器和锁止离合器。

第二章 液力变矩器的构造与维修

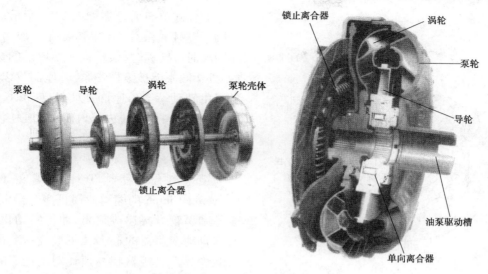

图 2-10 典型的液力变矩器

1. 单向离合器

单向离合器又称为自由轮机构或超越离合器,其功用是实现导轮的单向锁止,即导轮只能顺时针转动而不能逆时针转动,当涡轮与泵轮转速差较大时,单向离合器处于锁止状态,导轮不能转动。当涡轮转速升高到一定程度后,单向离合器导通,即导轮空转,使得液力变矩器不能改变输出转矩,在高速区实现偶合传动。常见的单向离合器有滚柱式及楔块式两种。

楔块式单向离合器的结构和工作原理如图 2-11 和图 2-12 所示,该离合器由内座圈、外座圈、楔块、保持架等组成。单向离合器内外座圈组成的滚道宽度是均匀的,采用不均匀形状的楔块,楔块的大端长度(L_2)大于滚道宽度(L),楔块的小端长度(L_1)小于滚道宽度(L)。内座圈固定,当外座圈顺时针旋转时,带动楔块顺时针旋转,因 $L_1 < L$,外座圈可相对楔块和内座圈旋转;反之,当外座圈逆时针旋转时,带动楔块也逆时针旋转,因 $L_2 > L$,楔块阻止外座圈旋转。

图 2-11 楔块式单向离合器的构造

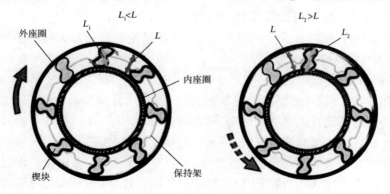

图 2-12 楔块式单向离合器的工作原理

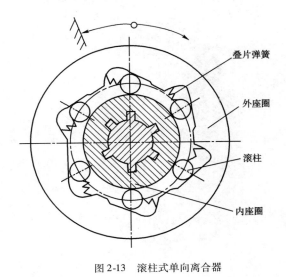

滚柱式单向离合器如图 2-13 所示,由内座圈、外座圈、滚柱、叠片弹簧等组成。当外座圈顺时针转动时,滚柱进入楔形槽的宽处,内、外座圈不能被滚柱楔紧,外座圈可以顺时针自由转动。当外座圈逆时针转动时,滚柱进入楔形槽的窄处,内、外座圈被滚柱楔紧,外座圈固定不动。

图 2-13 滚柱式单向离合器

2. 锁止离合器

锁止离合器简称 TCC,是英文 Torque Converter Clutch 的缩写。锁止离合器可以将泵轮和涡轮直接连接起来,即将发动机输出端与自动变速器的输入轴直接连接起来,这样减少液力变矩器在高速比时的能量损耗,提高了传动效率,提高汽车在正常行驶时的燃油经济性,并防止 ATF 过热。锁止离合器的结构和工作原理如图 2-14 所示。

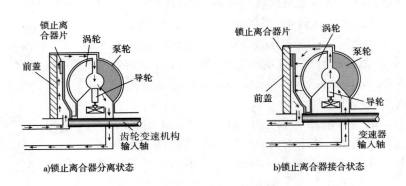

图 2-14 锁止离合器的结构和工作原理

当车辆在良好路面行驶,满足下面 5 个条件时,锁止离合器将接合:
(1)冷却液温度不低于 65°。
(2)换挡杆处于 D 位,且挡位在 D_2、D_3 或 D_4 挡。
(3)没有踩下制动踏板。
(4)车速高于 56km/h。
(5)节气门开启。

当车辆起步、低速或在坏路面上行驶时,应将锁止离合器分离,使液力变矩器具有变矩作用。此时油液流至锁止离合器的前端,锁止离合器片前端与后端的压力相同,使锁止离合器分离。当车辆以中速至高速行驶时,油液流至锁止离合器的后端,使锁止离合器片与前盖一起转动。此时发动机的动力经液力变矩器壳体、锁止离合器、涡轮轮毂传给后面的自动变速器齿轮变速机构的输入轴,相当于将泵轮和涡轮刚性连接在一起,此时液力变矩器的传动效率为 100%。

第二节　液力变矩器的维修

一、实训器材

（1）车辆:丰田卡罗拉乘用车的 U341E 型自动变速器。
（2）普通工具:组合扳手、螺丝刀、扭力扳手、高压气枪。
（3）专用工具:SST 09350-32014（09351-32010，09351-32020）。
（4）其他:油盆、丰田原厂 ATF WS。

二、准备工作

（1）将工位清理干净。
（2）准备好相关的器材。

三、操作步骤

1. 液力变矩器单向离合器的检查

（1）如图 2-15 所示,固定 SST 09350-32014（09351-32010，09351-32020）使其正好置于变矩器毂的槽口和单向离合器外座圈的槽口处。

（2）如图 2-16 所示,竖直放置变矩器并转动 SST 09350-32014（09351-32010，09351-32020），检查并确定其顺时针旋转时运转平稳;而逆时针旋转时被锁止。如有必要,则清洁变矩器并检查单向离合器。如果单向离合器的工作情况仍不符合规定,则更换液力变矩器。

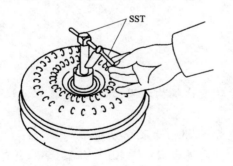　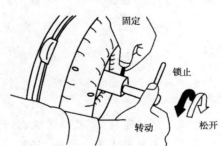

图 2-15　单向离合器的检查（一）　　图 2-16　单向离合器的检查（二）

2. 液力变矩器总成状态的检查

检查并确认变矩器总成应符合下列状态:
（1）失速测试或换挡杆置于 N 位时,变矩器锁止离合器未发出金属声。
（2）单向离合器在一个方向可转动,而在另一方向锁止。
（3）ATF 中的粉末量不多于图 2-17 所示中的样例显示量。注意:样图显示,从拆下的变矩器中取出约 0.25L 的 ATF。

3. 液力变矩器中 ATF 的更换

如果 ATF 变色或有恶臭味，摇动变矩器使其中的油液四处流动。使变矩器的安装面朝上，排空 ATF。

4. ATF 冷却器和 ATF 管路的清洁和检查

（1）如果已检查变矩器或已更换 ATF，则清洗 ATF 冷却器和 ATF 管路，如图 2-18 所示。注意：从进油软管中注入 196kPa 的压缩空气。如果在 ATF 中发现了过量的细粉末，则用斗式泵添加新 ATF 并再次进行清洗。

（2）如果 ATF 混浊不清，检查 ATF 冷却器（散热器）。

5. 防止液力变矩器变形以及 ATF 泵齿轮损坏

如图 2-19 所示，一旦变矩器的螺栓末端和螺栓孔底部出现任何因干涉产生的标记，则应更换螺栓和变矩器锁止离合器。所有螺栓的长度必须一样，必须使用带垫圈的螺栓。

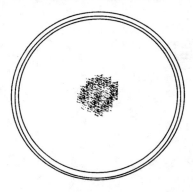

图 2-17 ATF 中粉末量的检查

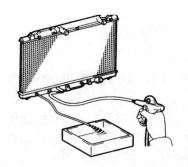

图 2-18 清洁并检查 ATF 冷却器和 ATF 管路

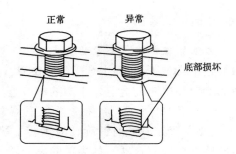

图 2-19 螺栓的检查

小结

1. 液力变矩器位于发动机和自动变速器齿轮变速机构之间，以自动变速器油（ATF）为工作介质。

2. 液力变矩器有传递转矩、无级变速、自动离合、驱动油泵等功用。

3. 典型的液力变矩器主要由泵轮、涡轮、带单向离合器的导轮、变矩器壳体、涡轮轴、锁止离合器等组成。

4. 单向离合器又称为自由轮机构或超越离合器，其功用是实现导轮的单向锁止，即导轮只能顺时针转动而不能逆时针转动。常见的单向离合器有滚柱式及楔块式两种。

5. 锁止离合器可以将泵轮和涡轮直接连接起来，即将发动机与自动变速器齿轮变速机构直接连接起来，这样减少液力变矩器在高速比时的能量损耗，提高了传动效率，提高汽车在正常行驶时的燃油经济性，并防止 ATF 油过热。

6. 液力变矩器常见的维修项目包括单向离合器的检查、确定变矩器总成的状态、更换变矩器中的 ATF、清洁并检查 ATF 冷却器和 ATF 管路等。

复习思考题

一、简答题

1. 液力变矩器有哪些功用？
2. 液力变矩器有哪些元件组成，它是如何工作的？
3. 简述单向离合器的作用和工作原理。
4. 锁止离合器的作用是什么？简述其工作原理。

二、选择题

1. 在自动变速器中，液力变矩器的工作原理就像两台对置的电风扇，一台电风扇接通电源，另一台电风扇不接电源。那么通电电风扇与不通电电风扇分别相当于液力变矩器中的哪些部件（　　）。

　　A. 泵轮与涡轮　　　　B. 导轮与涡轮　　　　C. 泵轮与导轮

2. 自动变速器的油泵，是被（　　）驱动的。

　　A. 变矩器外壳　　　　B. 导轮　　　　　　　C. 从泵轮抛向涡轮的油流

3. 液力变矩器中的涡轮与（　　）部件连接。

　　A. 导轮　　　　　　　B. 泵轮　　　　　　　C. 自动变速器齿轮变速机构输入轴

4. 在自动变速器中，当液力变矩器的泵轮和涡轮转速差值越大时，则（　　）。

　　A. 输出转矩越大　　　B. 输出转矩越小　　　C. 输出功率越大

5. 在输出轴处于增矩工况下，自动变速器的液力变矩器中的导轮处于（　　）状态。

　　A. 自由　　　　　　　B. 锁止　　　　　　　C. 与涡轮同速

三、判断题

1. 液力变矩器使用涡轮、泵轮和导轮来工作的。　　　　　　　　　　　　（　　）
2. 液力变矩器中单向离合器使导轮可以朝逆时针方向旋转，但不能朝顺时针方向旋转。
　　　　　　　　　　　　　　　　　　　　　　　　　　　　　　　　　（　　）
3. 液力变矩器的锁止含义是把导轮锁定，以提高传动效率。　　　　　　　（　　）
4. 根据换挡工况的需要，自动变速器中的单向离合器由液压系统控制其分离或锁止。
　　　　　　　　　　　　　　　　　　　　　　　　　　　　　　　　　（　　）
5. 对于装备自动变速器的车辆，当冷却液温度低于65℃时，液力变矩器的锁止离合器不能进入锁止工况。　　　　　　　　　　　　　　　　　　　　　　　　（　　）

第三章 自动变速器齿轮变速机构的构造与维修

学习目标

1. 掌握单排行星齿轮变速机构组成和工作原理;
2. 掌握自动变速器离合器的结构特点和工作原理;
3. 掌握自动变速器制动器的结构特点和工作原理;
4. 掌握辛普森式行星齿轮自动变速器齿轮变速机构组成及动力传递路线;
5. 掌握拉威娜式行星齿轮自动变速器齿轮变速机构组成及动力传递路线;
6. 掌握平行轴式自动变速器齿轮变速机构组成及动力传递路线;
7. 熟悉辛普森式行星齿轮自动变速器齿轮变速机构拆解、检查和装配方法。

第一节 齿轮变速机构的构造与工作原理

液力变矩器可以在一定范围内自动无级地改变转矩和传动比,以适应行驶阻力的变化,但变矩比小,不能完全满足汽车使用的要求,必须与齿轮变速机构组合使用,扩大传动比的变化范围,才能满足汽车行驶的要求。自动变速器的齿轮变速机构主要形式有行星齿轮变速机构和平行轴齿轮变速机构,目前,绝大多数自动变速器多采用行星齿轮变速机构与液力变矩器配合使用。行星齿轮变速机构由行星齿轮机构和执行元件组成,执行元件根据自动变速器控制系统的命令来接合或分离、制动或放松行星齿轮机构的某个元件,通过改变动力传递路线得到不同的传动比。按行星齿轮变速机构结构形式的不同,又可分为辛普森式行星齿轮变速机构和拉威娜式行星齿轮变速机构。

一、单排行星齿轮变速机构

如图3-1所示,单排行星齿轮变速机构主要由一个太阳轮(又称为中心轮)、一个带有若干个行星齿轮的行星架和一个齿圈组成。

齿圈又称为齿环,制有内齿,其余齿轮均为外齿轮。太阳轮位于行星齿轮机构的中心,行星齿轮与太阳轮外啮合,与齿圈内啮合。通常行星齿轮有3~6个,通过滚针轴承安装在行星齿轮轴上,行星齿轮轴对称、均匀地安装在行星架上。行星齿轮机构工作时,行星齿轮除了绕自身轴线的自转外,同时还绕着太阳轮公转,行星架也绕太阳轮旋转。由于太阳轮与行星齿轮是外啮合,所以两者的旋转方向是相反的;而行星齿轮与齿圈是内啮合,则这两者的旋转方向是相同的。

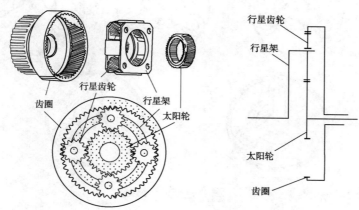

图 3-1　单排行星齿轮机构

根据能量守恒定律,由作用在单排行星齿轮机构各元件上的力矩和结构参数,可以得出表示单排行星齿轮变速机构运动规律的特性方程式为:

$$n_1 + \alpha n_2 - (1+\alpha)n_3 = 0$$

式中,n_1 为太阳轮转速;n_2 为齿圈转速;n_3 为行星架转速;α 为齿圈齿数 z_2 与太阳轮齿数 z_1 之比,即 $\alpha = z_2/z_1$,且 $\alpha > 1$。

由于一个方程有三个变量,如果将太阳轮、齿圈和行星架中某个元件作为主动(输入)部分,让另一个元件作为从动(输出)部分,则由于第三个元件不受任何约束和限制,所以从动部分的运动是不确定的。因此为了得到确定的运动,必须对太阳轮、齿圈和行星架三者中的某个元件的运动进行约束和限制。

如图 3-2 所示,通过对不同的元件进行约束和限制,可以得到不同的动力传动方式。

(1) 齿圈为主动件(输入),行星架为从动件(输出),太阳轮固定,见图 3-2a)。此时,$n_1 = 0$,则传动比 i_{23} 为:

$$i_{23} = n_2/n_3 = 1 + 1/\alpha > 1$$

由于传动比大于 1,说明为减速传动,可以作为降速挡。

(2) 行星架为主动件(输入),齿圈为从动件(输出),太阳轮固定,见图 3-2b)。此时,$n_1 = 0$,则传动比 i_{32} 为:

$$i_{32} = n_3/n_2 = \alpha/(1+\alpha) < 1$$

由于传动比小于 1,说明为增速传动,可以作为超速挡。

(3) 太阳轮为主动件(输入),行星架为从动件(输出),齿圈固定,见图 3-2c)。此时,$n_2 = 0$,则传动比 i_{13} 为:

$$i_{13} = n_1/n_3 = 1 + \alpha > 1$$

由于传动比大于 1,说明为减速传动,可以作为降速挡。

对比这两种情况的传动比,由于 $i_{13} > i_{23}$,虽然都为降速挡,但 i_{13} 是降速挡中的低挡,而

i_{23}为降速挡中的高挡。

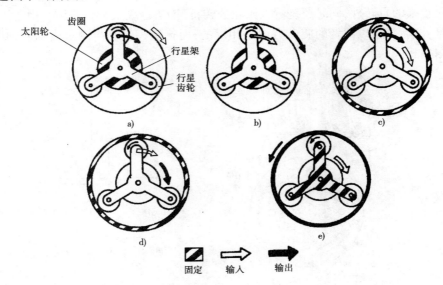

图 3-2 单排行星齿轮变速机构的动力传动方式

(4) 行星架为主动件(输入),太阳轮为从动件(输出),齿圈固定,见图 3-2d)。此时,$n_2=0$,则传动比 i_{31} 为:

$$i_{31}=n_3/n_1=1/(1+\alpha)<1$$

由于传动比小于1,说明为增速传动,可以作为超速挡。

(5) 太阳轮为主动件(输入),齿圈为从动件(输出),行星架固定,见图 3-2e)。此时,$n_3=0$,则传动比 i_{12} 为:

$$i_{12}=n_1/n_2=-\alpha$$

由于传动比为负值,说明主从动件的旋转方向相反;又由于$|i_{12}|>1$,说明为减速传动,可以作为倒挡。

(6) 如果 $n_1=n_2$,则可以得到 $n_3=n_1=n_2$。同样,$n_1=n_3$ 或 $n_2=n_3$ 时,均可以得到 $n_1=n_2=n_3$ 的结论。因此,若使太阳轮、齿圈和行星架3个元件中的任何两个元件连为一体转动,则另一个元件的转速必然与前两者等速同向转动。即行星齿轮机构中所有元件(包含行星齿轮)之间均无相对运动,传动比 $i=1$。这种传动方式用于变速器的直接挡传动。

(7) 如果太阳轮、齿圈和行星架3个元件没有任何约束,则各元件的运动是不确定的,此时为空挡。

自动变速器中的行星齿轮变速机构一般是采用2~3排行星齿轮变速机构传动,其各挡传动比就是根据上述单排行星齿轮变速机构传动特点进行合理组合得到的。

二、单排双级行星齿轮变速机构

单排双级行星齿轮变速机构如图 3-3 所示。设太阳轮、齿圈和行星架的转速分别为 n_1、n_2 和 n_3,齿数分别为 z_1、z_2 和 z_3,

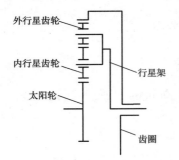

图 3-3 单排双级行星齿轮变速机构

齿圈与太阳轮的齿数比为 α，则其运动规律为：

$$n_1 - \alpha n_2 + (\alpha - 1)n_3 = 0$$

单排双级行星齿轮变速机构的运动分析与单排行星齿轮变速机构相同。

第二节　自动变速器换挡执行元件的构造与工作原理

行星齿轮自动变速器的换挡执行元件包括离合器、制动器和单向离合器。离合器和制动器以液压方式控制行星齿轮变速机构元件的旋转。单向离合器的作用是以机械方式对行星齿轮变速机构的元件进行锁止，使某一元件只能按一定方向旋转，而在另一方向上锁止。单向离合器的结构、工作原理与导轮单向离合器相同，此处不作介绍。

一、离合器

离合器的功用是连接轴和行星齿轮变速机构中的元件或是连接行星齿轮变速机构中的不同元件。

1. 离合器的结构

离合器主要由离合器鼓、花键毂、活塞、主动摩擦片、从动钢片、复位弹簧等组成，如图3-4所示。

图3-4　离合器结构图

离合器鼓是一个液压缸，鼓内有内花键齿圈，内圆轴颈上有进油孔与控制油路相通。离合器活塞为环状，内外圆上有密封圈，安装在离合器鼓内。从动钢片和主动摩擦片交错排列，两者统称为离合器片，均使用钢料制成，但主动摩擦片的两面烧结有铜基粉末冶金的摩擦材料。为保证离合器接合柔和及散热，离合器片浸在油液中工作，因而称为湿式离合器。从动钢片带有外花键齿，与离合器鼓的内花键齿圈连接，并可轴向移动，主动摩擦片则以内花键齿与花键毂的外花键槽配合，也可做轴向移动。花键毂和离合器鼓分别以一定的方式与变速器输入轴或行星齿轮变速机构的元件相连接。碟形弹簧的作用是使离合器接合柔和，防止换挡冲击。可以通过调整卡环或压盘的厚度调整离合器的间隙。

2. 离合器工作原理

离合器的工作原理如图3-5所示。

当一定压力的ATF经控制油道进入活塞左面的液压缸时，液压作用力便克服弹簧力使活塞右移，将所有离合器片压紧，即离合器接合，与离合器主、从动部分相连的元件也被连接在一起，以相同的速度旋转。

当控制阀将作用在离合器液压缸的油压撤除后,离合器活塞在复位弹簧的作用下回复原位,并将缸内的变速器油从进油孔排出,使离合器分离,离合器主从动部分可以不同转速旋转。

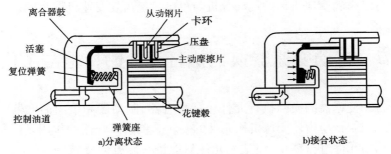

图 3-5 离合器工作原理

为了快速泄油,保证离合器彻底分离,一般在液压缸中都有一个单向球阀,如图 3-6 所示,球体会在离心力的作用下离开阀座,开启辅助泄油通道,使 ATF 迅速撤除。

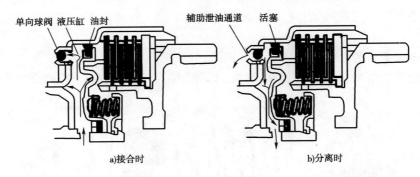

图 3-6 带单向安全阀的离合器

二、制动器

制动器的功用是固定行星齿轮变速机构中的元件,防止其转动。制动器有片式和带式两种形式。

1. 片式制动器

片式制动器与离合器的结构和原理相同,不同之处是离合器是起连接作用而传递动力,而片式制动器是通过连接而起制动作用。片式制动器的结构如图 3-7 所示。

片式制动器的工作原理如图 3-8 所示。当活塞受到控制油压的作用时,活塞在活塞缸内运动,使摩擦片与钢片相互接触。其结果是,在每个摩擦片与钢片之间产生很大的摩擦力,使行星齿轮变速机构某一元件或单向离合器锁定在变速器壳体上。当控制油压降低时,由

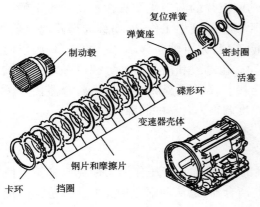

图 3-7 片式制动器的结构

于复位弹簧的作用,活塞至原位,使该元件制动解除。

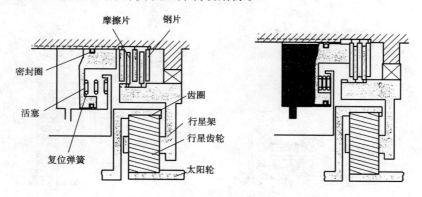

图 3-8 片式制动器的工作原理

2. 带式制动器

带式制动器由制动带和控制油缸等组成,如图 3-9 所示为带式制动器的零件分解图。制动带是内表面带有镀层的开口式环形钢带。制动带的一端固定在与变速器壳体固连的支座上,另一端与控制油缸的活塞杆相连。

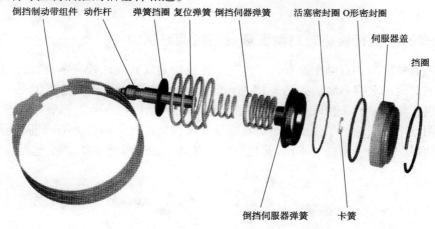

图 3-9 带式制动器的零件分解图

制动器的工作原理如图 3-10 所示,制动带开口处的一端通过支柱支撑于固定在变速器壳体的调整螺钉上,另一端支撑于油缸活塞杆端部,活塞在复位弹簧和左腔油压作用下位于右极限位置,此时,制动带和制动鼓之间存在一定间隙。

制动时,压力油进入活塞右腔,克服左腔油压和复位弹簧的作用力推动活塞左移,制动带以固定支座为支点收紧。在制动力矩的作用下,制动鼓停止旋转,行星齿轮变速机构某元件被锁止。随着油压撤除,活塞逐渐复位,制动解除。若仅依靠弹簧张力,则活塞复位速度较慢。目前,大多数制动器设置了左腔进油道。在右腔撤除油压的同时,左腔进油,活塞在油压和复位弹簧的共同作用下复位,可迅速解除制动。

图 3-11 所示为间接作用式伺服装置,活塞杆通过杠杆控制推杆的动作,由于采用杠杆结构将活塞作用力放大,制动力矩进一步增加。

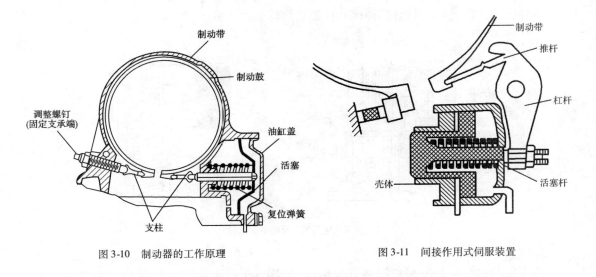

图 3-10 制动器的工作原理　　　　图 3-11 间接作用式伺服装置

第三节　典型自动变速器齿轮变速机构的构造与工作原理

一、辛普森式行星齿轮自动变速器齿轮变速机构

辛普森式行星齿轮自动变速器行星齿轮变速机构是以其设计者美国福特公司的工程师霍华德·辛普森的名字命名。如图 3-12 所示,辛普森Ⅰ型行星齿轮变速机构是由两个单排行星齿轮组连接而成的一种双排行星齿轮变速机构,其结构特点是:前、后两个行星齿轮变速机构共用一个太阳轮。辛普森Ⅱ型行星齿轮变速机构是在辛普森Ⅰ型行星齿轮变速机构的基础上加以改变而得来的。丰田、通用、日产、福特等公司生产的自动变速器大量采用此结构。

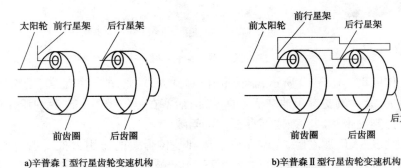

a) 辛普森Ⅰ型行星齿轮变速机构　　　b) 辛普森Ⅱ型行星齿轮变速机构

图 3-12　辛普森行星齿轮变速机构原理图

1. 辛普森Ⅰ型行星齿轮变速机构

1) 结构和组成

图 3-13 和图 3-14 所示为典型四挡辛普森(Ⅰ型)行星齿轮变速机构的结构简图和元件位置图。

四挡辛普森行星齿轮变速机构由三排行星齿轮变速机构组成,前面一排为超速行星排,中间一排为前行星排,后面一排为后行星排,之所以这样命名是由于四挡辛普森行星齿轮变速机构是在三挡辛普森行星齿轮变速机构的基础上发展起来的,沿用了三挡辛普森行星齿轮变速机构的命名。输入轴与超速行星排的行星架相连,超速行星排的齿圈与中间轴相连,中间轴通过前进挡离合器或直接挡、倒挡离合器与前、后行星排相连。前、后行星排的结构特点是,共用一个太阳轮,前行星排的行星架与后行星排的齿圈相连并与输出轴相连。

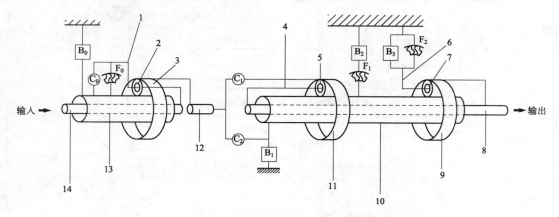

图 3-13 四挡辛普森行星齿轮变速机构的结构简图

1-超速(OD)行星排行星架;2-超速(OD)行星排行星轮;3-超速(OD)行星排齿圈;4-前行星排行星架;5-前行星排齿轮;6-后行星排行星架;7-后行星排行星轮;8-输出轴;9-后行星排齿圈;10-前后行星排太阳轮;11-前行星排齿圈;12-中间轴;13-超速(OD)行星排太阳轮;14-输入轴;C_0－超速挡(OD)离合器;C_1-前进挡离合器;C_2-直接挡、倒挡离合器;B_0-超速挡(OD)制动器;B_1-二挡滑行制动器;B_2-二挡制动器;B_3-低、倒挡离合器;F_0-超速挡(OD)单向离合器;F_1-二挡(一号)单向离合器;F_2-低挡(二号)单向离合器

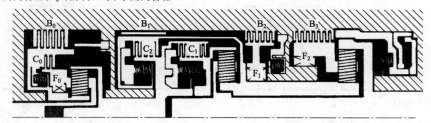

图 3-14 四挡辛普森行星齿轮变速机构的元件位置图

换挡执行机构包括三个离合器、四个制动器和三个单向离合器共十个元件。具体的功能见表 3-1。

换挡执行元件的功能 表 3-1

换挡执行元件		功　能
C_0	超速挡(OD)离合器	连接超速行星排太阳轮与超速行星排行星架
C_1	前进挡离合器	连接中间轴与前星排齿圈
C_2	直接挡、倒挡离合器	连接中间轴与前后行星排太阳轮
B_0	超速挡(OD)制动器	制动超速行星排太阳轮
B_1	二挡滑行制动器	制动前后行星排太阳轮

续上表

换挡执行元件		功 能
B_2	二挡制动器	制动 F_1 外座圈,当 F_1 也起作用时,可以防止前后行星排太阳轮逆时针转动
B_3	低、倒挡离合器	制动后行星排行星架
F_0	超速挡(OD)单向离合器	连接超速行星排太阳轮与超速行星排行星架
F_1	二挡(一号)单向离合器	当 B_2 工作时,防止前后行星排太阳轮逆时针转动
F_2	低挡(二号)单向离合器	防止后行星排行星架逆时针转动

2)各挡的动力传递路线

在自动变速器各挡位时,换挡执行元件的动作情况见表3-2。

各挡位时换挡执行元件的动作情况 表3-2

选挡杆位置	挡 位	换挡执行元件										发动机制动
		C_0	C_1	C_2	B_0	B_1	B_2	B_3	F_0	F_1	F_2	
P	驻车挡	○										
R	倒挡	○		○				○				
N	空挡	○										
D	一挡	○	○						○		○	
	二挡	○	○				○		○	○		
	三挡	○	○				○		○			
	四挡(OD挡)		○		○		○					
2	一挡	○	○						○		○	
	二挡	○	○			○	○		○	○		○
	三挡*	○	○		○		○		○			○
L	一挡	○	○					○	○			○
	二挡*	○	○			○	○		○	○		○

注:*——只能降挡不能升挡;

○——换挡元件工作或有发动机制动。

(1)D 位一挡。如图 3-15 所示,D 位一挡时,C_0、C_1、F_0、F_2 工作。C_0 和 F_0 工作将超速行星排的太阳轮和行星架相连,此时超速行星排成为一个刚性整体,输入轴的动力顺时针传到中间轴。C_1 工作将中间轴与前行星排齿圈相连,前行星排齿圈顺时针转动驱动前行星排行星齿轮转动,前行星排行星齿轮即顺时针自转又顺时针公转,前行星排行星齿轮顺时针公转则输出轴也顺时针转动,这是一条动力传动路线。由于前行星排行星齿轮顺时针自转,则前后行星排太阳轮逆时针转动,再驱动后行星排行星齿轮顺时针自转,此时后行星排行星齿轮在前后行星排太阳轮的作用下有逆时针公转的趋势,但由于 F_2 的作用,使得后行星排行星架不动。这样顺时针转动的后行星排行星齿轮驱动齿圈顺时针转动,从输出轴也输出动力,这是第二条动力传动路线。

(2)D 位二挡。如图 3-16 所示,D 位二挡时,C_0、C_1、B_2、F_0、F_1 工作。C_0 和 F_0 作如前所述

直接将动力传给中间轴。C_1 工作,动力顺时针传到前行星排齿圈,驱动前行星排行星齿轮顺时针转动,并使前后太阳轮有逆时针转动的趋势,由于 B_2 的作用,F_1 将防止前后太阳轮逆时针转动,即前后太阳轮不动。此时前行星排行星齿轮将带动行星架也顺时针转动,从输出轴输出动力。后行星排不参与动力的传动。

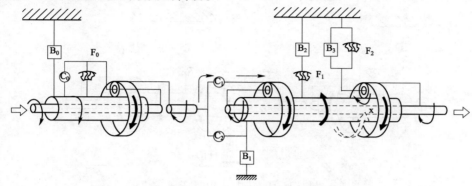

图 3-15　D 位一挡动力传动路线

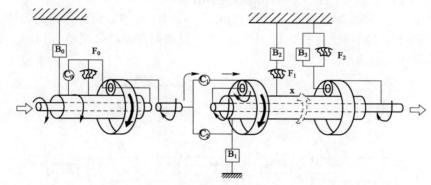

图 3-16　D 位二挡动力传动路线

(3) D 位三挡。如图 3-17 所示,D 位三挡时,C_0、C_1、C_2、B_2、F_0 工作。C_0 和 F_0 工作如前所述直接将动力传给中间轴。C_1、C_2 工作将中间轴与前行星排的齿圈和太阳轮同时连接起来,前行星排成为刚性整体,动力直接传给前行星排行星架,从输出轴输出动力。此挡为直接挡。

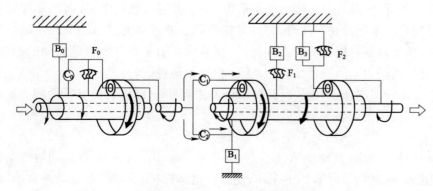

图 3-17　D 位三挡动力传动路线

(4) D 位四挡。如图 3-18 所示，D 位四挡时，C_1、C_2、B_0、B_2 工作。B_0 工作，将超速行星排太阳轮固定。动力由输入轴输入，带动超速行星排行星架顺时针转动，并驱动行星齿轮及齿圈都顺时针转动，此时的传动比小于 1。C_1、C_2 工作使得前后行星排的工作同 D 位三挡，即处于直接挡，所以整个机构以超速挡传递动力。B_2 的作用同前所述。

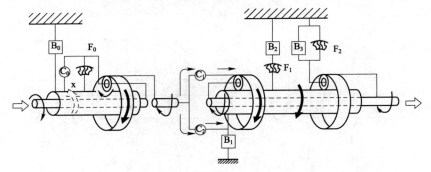

图 3-18 D 位四挡动力传动路线

(5) 2 位一挡。2 位一挡的工作与 D 位一挡相同。

(6) 2 位二挡。如图 3-19 所示，2 位二挡时，C_0、C_1、B_1、B_2、F_0、F_1 工作。动力传动路线与 D 位二挡时相同。区别只是由于 B_1 的工作，使得 2 位二挡有发动机制动，而 D 位二挡没有。此挡为高速发动机制动挡。

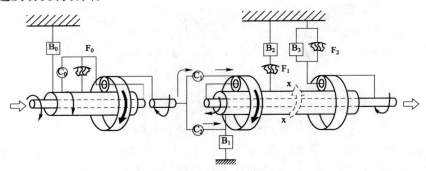

图 3-19 2 位二挡动力传动路线

发动机制动是指利用发动机怠速时的较低转速以及变速器的较低挡位来使较快的车辆减速。D 位二挡时，如果驾驶人抬起加速踏板，发动机进入怠速工况，而汽车在原有的惯性作用下仍以较高的车速行驶。此时，驱动车轮将通过变速器的输出轴反向带动行星齿轮变速机构运转，各元件将以相反的方向转动，即前后太阳轮将有顺时针转动的趋势，F_1 不起作用，使得反传的动力不能到达发动机，无法利用发动机进行制动。而在 2 位二挡时，B_1 工作使得前后太阳轮固定，既不能逆时针转动也不能顺时针转动，这样反传的动力就可以传到发动机，所以有发动机制动。

(7) 2 位三挡。2 位三挡的工作与 D 位三挡相同。

(8) L 位一挡。如图 3-20 所示，L 位一挡时，C_0、C_1、B_3、F_0、F_2 工作。动力传动路线与 D 位一挡时相同。区别只是由于 B_3 的工作，使后行星排行星架固定，有发动机制动，原因同前所述。此挡为低速发动机制动挡。

(9) L位二挡。L位二挡的工作与2位二挡相同。

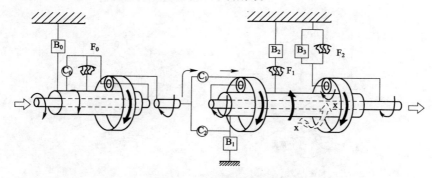

图3-20　L位一挡动力传动路线

(10) R位。如图3-21所示,倒挡时,C_0、C_2、B_3、F_0工作。C_0和F_0工作如前所述直接将动力传给中间轴。C_2工作将动力传给前后行星排太阳轮。由于B_3工作,将后行星排行星架固定,使得行星齿轮仅相当于一个惰轮。前后行星排太阳轮顺时针转动驱动后行星排行星齿轮逆时针转动,进而驱动后行星排齿圈也逆时针转动,从输出轴逆时针输出动力。

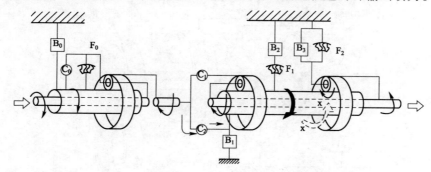

图3-21　R位动力传动路线

(11) P位(驻车挡)。选挡杆置于P位时,一般自动变速器都是通过驻车锁止机构将变速器输出轴锁止实现驻车。如图3-22所示,驻车锁止机构由输出轴外齿圈、锁止棘爪、锁止凸轮等组成。锁止棘爪与固定在变速器壳体上的枢轴相连。当选挡杆处于P位时,与选挡杆相连的手动阀通过锁止凸轮将锁止棘爪推向输出轴外齿圈,并嵌入齿中,使变速器输出轴与壳体相连而无法转动,如图3-22b)所示。当选挡杆处于其他位置时,锁止凸轮退回,锁止棘爪在复位弹簧的作用离开输出轴外齿圈,锁止撤销,如图3-22a)所示。

2. 辛普森Ⅱ型行星齿轮变速机构

1) 结构和组成

丰田卡罗拉乘用车配备的U341E型自动变速器(Ⅱ型),其齿轮变速机构采用了CR-CR式行星齿轮变速机构,即将两组单行星排的行星架C(planet carrier)和齿圈R(gearring)分别组配,该行星齿轮变速机构仅有4个独立元件(前太阳轮、后太阳轮、前行星架和后齿圈组件、前齿圈和后行星架组件),其特点是变速比大、效率高、元件轴转速低。

卡罗拉乘用车U341E型自动变速器行星齿轮变速机构的结构如图3-23所示,主要部件的功能见表3-3,各换挡执行元件的工作情况见表3-4。

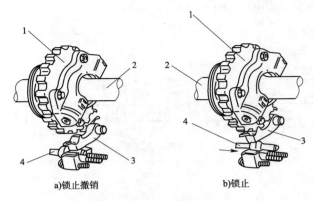

图 3-22 驻车锁止机构
1-输出轴外齿圈;2-输出轴;3-锁止棘爪;4-锁止凸轮

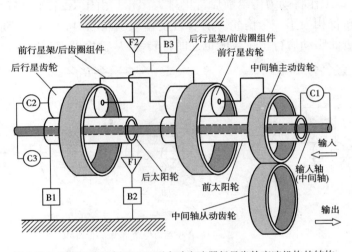

图 3-23 卡罗拉乘用车 U341E 型自动变速器行星齿轮变速机构的结构

主要部件功能　　表3-3

部件		功能
C_1	前进挡离合器	连接输入轴和前排太阳轮
C_2	直接离合器	连接输入轴和后排行星架
C_3	倒挡离合器	连接输入轴和后太阳轮
B_1	OD挡和二挡制动器	固定后排太阳轮
B_2	二挡制动器	固定F1的外圈
B_3	一挡和倒挡制动器	固定后行星架/前齿圈组件
F_1	1号单向离合器	与B2配合,阻止后太阳轮逆时针转动
F_2	2号单向离合器	阻止后行星架/前齿圈组件逆时针转动
	前行星齿轮组	根据各换挡执行元件的工作情况,改变齿轮动力传递路线,以升高或降低输出转速
	后行星齿轮组	
	中间轴齿轮副	将动力传递给差速器,并改变传动方向,降低输出转速

各换挡执行元件的工作情况　　　　　　　　表3-4

换挡杆位置	挡位	离合器			制动器			单向离合器	
		C_1	C_2	C_3	B_1	B_2	B_3	F_1	F_2
P	驻车挡								
R	倒挡			○			○		
N	空挡								
D	一挡	○							○
	二挡	○				○		○	
	三挡	○	○						
	四挡		○		○	○			
3	一挡	○							○
	二挡	○				○		○	
	三挡	○	○						
2	一挡	○							○
	二挡	○				○		○	
L	一挡	○					○		○

注：○表示工作。

2）辛普森式行星齿轮自动变速器各挡的动力传递路线

（1）一挡。换挡杆处于"D"、"3"和"2"位置的一挡时，参与工作的换挡执行元件有C_1、F_2，动力传递路线如图3-24所示。一挡时动力传递发生在前行星排，F_2阻止前齿圈逆输入轴的旋转方向（逆时针）转动，此时，后排行星齿轮组没有元件被约束，因此处于空转状态，动力传递路线如下：

输入轴→C_1前太阳轮→前行星齿轮→前行星架→中间轴主从动齿轮→输出轴

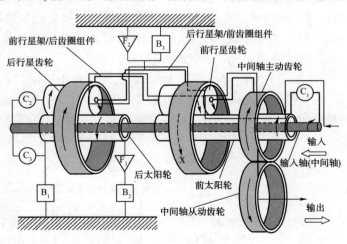

图3-24　一挡动力传递路线

放松加速踏板时，前行星架转速高（接驱动轮），前太阳轮转速低（接发动机），使前齿圈试图被带动加速顺着前行星架（前太阳轮）的旋转方向转动。由于单向离合器F_2不阻止前齿圈顺着行星架的旋转方向转动,整个行星排不能反向传递动力,所以无发动机制动效果。

为了提供有发动机制动的一挡,在L位置(一挡)时,除了使上述的一挡换挡执行元件工作外,还使B_3也工作,使得车辆行驶时,不论是踩下还是放松加速踏板,行星排都有动力传递能力,从而获得发动机制动效果。

(2)二挡。换挡杆处于"D"和"3"位置的二挡时,参与工作的换挡执行元件有C_1、B_2、F_1,动力传递路线如图3-25所示。二挡时动力传递发生在前、后2个行星排,B_2、F_1联合作用,阻止后太阳轮逆输入轴的旋转方向转动,动力传递路线如下:

输入轴→C_1→前太阳轮→前行星齿轮 →前行星架 →中间轴主从动齿轮→输出轴
　　　　　　　　　　　　　　　　→前齿圈→后行星架→后行星齿轮→后齿圈

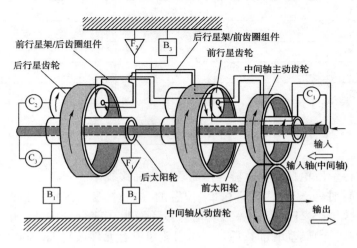

图3-25　二挡动力传递路线

放松加速踏板时,前行星架和后齿圈组件转速高(接驱动轮),前太阳轮转速低(接发动机),使前齿圈和后行星架组件加速转动,进而使后太阳轮试图被带动加速顺着前行星架(前太阳轮)的旋转方向转动。由于单向离合器F_1不阻止后太阳轮顺着行星架的旋转方向转动,整个行星排不能反向传递动力,所以无发动机制动效果。

为了提供有发动机制动的二挡,在"2"位置二挡时,除了使上述的二挡换挡执行元件工作外,还使B_1也工作,使得车辆获得发动机制动效果。

(3)三挡。换挡杆处于"D"和"3"位置的三挡时,参与工作的换挡执行元件有C_1、C_2、B_2,动力传递路线如图3-26所示。三挡时,前、后排行星齿轮机构互锁与一体旋转,动力传递路线如下:

输入轴 →C_1→前太阳轮 →前行星架→中间轴主从动齿轮→输出轴
　　　　→C_2→后行星架→前齿圈

由于行星齿轮变速机构的3个元件(太阳轮、行星架、齿圈)中有2个转速相等(前太阳轮、前行星架都与输入轴相连),因此在放松加速踏板时,驱动轮的动力可以经前行星架传给前太阳轮,所以有发动机制动效果。

(4)四挡。换挡杆处于"D"位置的四挡时,参与工作的换挡执行元件有C_2、B_1、B_2,动力传递如图3-27所示。四挡时动力传递发生在后行星排,此时前排行星齿轮组处于空转状态，动力传递路线如下：

输入轴→C_2→后行星架→后行星齿轮→后齿圈→中间轴主从动齿轮→输出轴

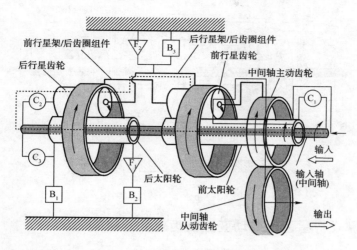

图 3-26　三挡动力传递路线

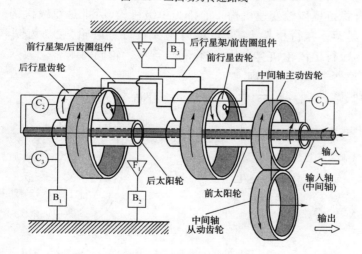

图 3-27　四挡动力传递路线

由于行星齿轮变速机构的 3 个元件（太阳轮、行星架、齿圈）中有 1 个固定（后太阳轮被固定），因此在放松加速踏板时，驱动轮的动力可以经后齿圈传给后行星架，所以有发动机制动效果。

（5）R 挡。换挡杆处于"R"位置时，参与工作的换挡执行元件有 C_3、B_3，动力传递路线如图 3-28 所示。R 挡时动力传递发生在后行星排，此时前排行星齿轮组处于空转状态，动力传递路线如下：

输入轴→C_3→后太阳轮→后行星齿轮→后齿圈→中间轴主、从动齿轮→输出轴

由于行星齿轮变速机构的 3 个元件（太阳轮、行星架、齿圈）中有 1 个固定（后行星架被固定），因此在放松加速踏板时，驱动轮的动力可以经后太阳轮传给后齿圈，所以有发动机制动效果。

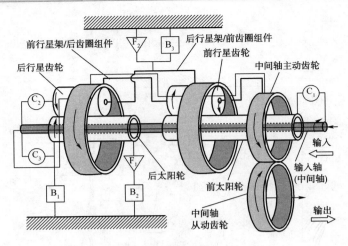

图 3-28 倒挡动力传递路线

二、拉维娜式行星齿轮自动变速器齿轮变速机构

拉维娜式行星齿轮自动变速器行星齿轮变速机构结构示意图如图 3-29 所示,它是一种双排单、双级复合式行星齿轮变速机构。前排为单级机构,后排是双级机构,前、后排共用一个齿圈和一个行星架。在行星架上,外行星齿轮为长行星齿轮,它与齿圈和太阳轮同时啮合;内行星齿轮为短行星齿轮,它与小太阳轮和长行星齿轮同时啮合。大众、别克、三菱等公司生产的自动变速器多采用此结构。

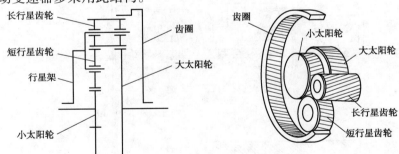

图 3-29 拉维娜式行星齿轮自动变速器行星齿轮变速机构结构示意图

1. 结构和组成

桑塔纳 2000GSi-AT 型乘用车的 01N 型四挡自动变速器为拉威娜式行星齿轮自动变速器,其结构如图 3-30 所示,包括拉威娜行星齿轮变速机构和离合器、制动器、单向离合器等。

拉威娜式行星齿轮变速机构的结构如图 3-31 所示。行星齿轮变速机构由大、小太阳轮各一个,长、短行星齿轮各 3 个,行星架和齿圈组成。长行星齿轮采用分段式结构,使三挡到四挡的转换更加平顺。短行星齿轮与长行星齿轮及小太阳轮啮合;长行星齿轮同时与大太阳轮、短行星齿轮及齿圈啮合,动力通过齿圈输出。

换挡执行元件主要由离合器、制动器和单向离合器三种执行元件组成。离合器和制动器以液压方式控制行星齿轮变速机构元件的旋转,单向离合器以机械方式对行星齿轮变速机构的元件进行锁止。片式离合器和制动器由阀体(也称为滑阀箱)进行液压控制。离合

K_1 用于驱动小太阳轮,离合器 K_2 用于驱动大太阳轮,离合器 K_3 用于驱动行星架,制动器 B_1 用于制动行星架,制动器 B_2 用于制动大太阳轮,单向离合器 F 防止行星架逆时针转动。

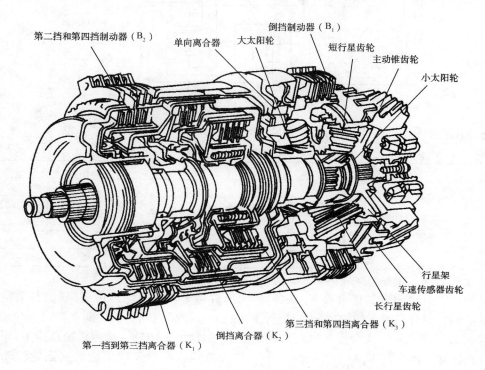

图 3-30　拉威娜式行星齿轮变速器

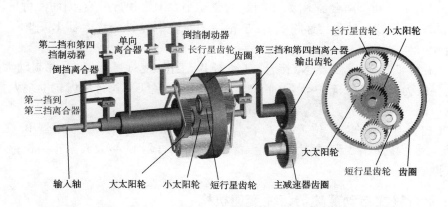

图 3-31　拉威娜式行星齿轮变速传动机构的结构

2. 各挡的动力传递路线

拉威娜式行星齿轮变速机构简图如图 3-32 所示,其中离合器 K_2 用于驱动大太阳轮,离合器 K_3 用于驱动行星架,制动器 B_1 用于制动行星齿轮架,制动器 B_2 用于制动大太阳轮,单向离合器 F 防止行星架逆时针转动,锁止离合器 LC 可将变矩器的泵轮和涡轮刚性连在一起。

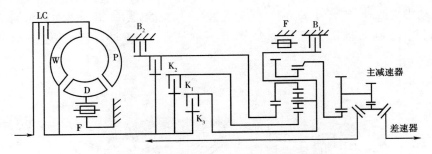

图 3-32 拉威娜式行星齿轮变速机构简图

各挡位换挡元件的工作情况见表 3-5。

各挡位换挡元件的工作情况　　表 3-5

挡 位	B_1	B_2	K_1	K_2	K_3	F
R	○			○		○
一挡			○			○
二挡		○	○			
三挡			○		○	
四挡		○			○	

注：○表示离合器、制动器或单向离合器工作。

（1）一挡位。一挡时，离合器 K_1 接合，单向离合器 F 工作。动力传递路线为：泵轮→涡轮→涡轮轴→离合器 K_1 →小太阳轮→短行星齿轮→长行星齿轮驱动齿圈。

（2）二挡。二挡时，离合器 K_1 接合，制动器 B_2 制动大太阳轮。动力传递路线为：泵轮→涡轮→涡轮轴→离合器 K_1 →小太阳轮→短行星齿轮→长行星齿轮围绕大太阳轮转动并驱动齿圈。

（3）三挡。三挡时，离合器 K_1 和 K_3 接合，驱动小太阳轮和行星架，因而使行星齿轮变速机构锁止并一同转动。动力传递路线为：泵轮→涡轮→涡轮轴→离合器 K_1 和 K_3 →整个行星齿轮转动。

（4）四挡。四挡时，离合器 K_3 接合，制动器 B_2 工作，使行星架工作，并制动大太阳轮。动力传递路线为：泵轮→涡轮→涡轮轴→离合器 K_3 →行星架→长行星齿轮围绕大太阳轮转动并驱动齿圈。

（5）R 挡。换挡杆在"R"位置时，离合器 K_2 接合，驱动大太阳轮；制动器 B_1 工作，使星架制动。动力传递路线为：泵轮→涡轮→涡轮轴→离合器 K_2 →大太阳轮→长行星齿轮反向驱动齿圈。

三、平行轴式自动变速器齿轮变速机构

广州本田雅阁乘用车 MAXA 自动变速器采用电子控制式，它主要由定轴式齿轮变速机构、液压控制系统和电子控制系统等三大部分组成。由一个三元件液力变矩器和一个三轴机构组成的电子控制自动变速装置，可以提供 4 个前进挡和一个倒车挡。该装置与发动机曲轴成直线排列，其主要特点如下：

（1）采用平行轴式齿轮变速机构，而日产、丰田及大多数欧美汽车自动变速器采用的是行星齿轮变速机构。

(2)除液压控制系统外,还增设有电子控制系统,使车辆在各种道路条件下均具有平顺的驾驶操纵性和最佳的挡位选择。

(3)采用前轮驱动,自动变速器与驱动桥合为一体,动力传递路线短,结构更紧凑。

1. 结构和组成

广州本田雅阁乘用车用 MAXA 自动变速器的内部结构如图3-33所示,图3-34为MAXA自动变速器的齿轮变速机构。平行轴式齿轮变速机构主要由平行轴、各挡齿轮和湿式多片离合器等组成。平行轴有3根,即主轴(输入轴)、中间轴和副轴(输出轴)。

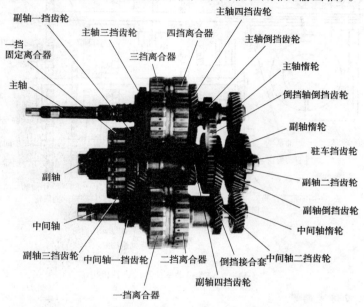

图 3-33　广州本田雅阁乘用车用 MAXA 自动变速器的内部结构

(1)一挡离合器。一挡离合器可使一挡齿轮实现啮合或脱离。一挡离合器位于中间轴中部,它与二挡离合器背向相接。一挡离合器由中间轴内的 ATF 供油管提供液压。

(2)二挡离合器。二挡离合器可使二挡齿轮实现啮合或脱离。二挡离合器位于中间轴中部,它与一挡离合器背向相接。二挡离合器由来自中间轴与液压回路相连的回路提供液压。

(3)三挡离合器。三挡离合器可使三挡齿轮实现啮合或脱离。三挡离合器位于主轴中部,它与四挡离合器背向相接,三挡离合器由主轴内与调节器阀相连的油道提供压力。

(4)四挡离合器。四挡离合器可使四挡齿轮及倒挡齿轮实现啮合或脱离。四挡离合器与倒挡齿轮一起位于主轴中部,四挡离合器与三挡离合器背向相接。四挡离合器由主轴内 ATF 供油管提供液压。

(5)一挡固定离合器。用于离合/分离一挡或一挡位置,它位于副轴的端部、液力变矩器的后面。一挡固定离合器由副轴内的油道供给压力。

(6)单向离合器。单向离合器固定在副轴的一挡齿轮和三挡齿轮中间,通过三挡齿轮花键与副轴连接在一起,三挡齿轮为它提供内座圈表面;一挡齿轮为它提供外座圈表面;当动力从中间轴的一挡齿轮传递给副轴的一挡齿轮时,单向离合器锁止;在 D4、D3、2 位置的一挡、二挡、三挡和四挡时,一挡离合器和一挡齿轮保持啮合。但是,当二挡、三挡、四挡离合器/齿轮在 D4、D3、2 位置作用时,单向离合器分离,这是因为副轴上的齿轮增加的转速超过了单向离合器锁止的"转速范围"。

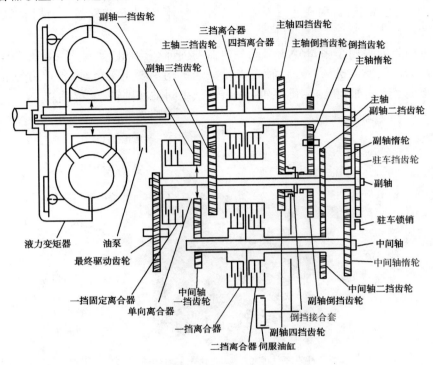

图 3-34　MAXA 自动变速器的齿轮机构

2. 各挡的动力传递路线

MAXA 型自动变速器各挡位参与工作的相关部件见表 3-6。

表 3-6　MAXA 型自动变速器各挡位参与工作的相关部件

挡位		液力变矩器	一挡齿轮 一挡离合器	一挡固定离合器	二挡齿轮 二挡离合器	三挡齿轮 三挡离合器	四挡		倒挡齿轮	驻车挡齿轮
							齿轮	离合器		
P		○								○
R		○							○	
N		○								
D4	一挡	○	○							
	二挡	○	○		○					
	三挡	○	○			○				
	四挡	○	○				○			
D3	一挡	○	○							
	二挡	○	○		○					
	三挡	○	○			○				
2		○	○		○					
1		○	○	○						

注:○表示工作。

(1) P 位：液压油不作用到任何离合器，所有离合器均分离，动力不传递给副轴。此时，依靠驻车锁销与驻车挡齿轮的互锁作用实现驻车。

(2) N 位：发动机动力由液力变矩器传递给主轴惰轮、副轴惰轮和中间轴惰轮，但液压油没有作用到任何离合器上，动力没有传递给副轴。

当换挡操纵手柄从 D4 位变换到 N 位时，倒挡接合套将副轴四挡齿轮与倒挡接合套及副轴相连；当换挡操纵手柄从 R 位变换到 N 位时，副轴倒挡齿轮也将处于啮合状态。但由于无动力传递给副轴，上述两种情况均无动力输出，从而使车辆处于空挡位置。

(3) D4 或 D3 位一挡。液力变矩器→主轴→主轴惰轮→副轴惰轮→中间轴惰轮→中间轴→一挡离合器→中间轴一挡齿轮→副轴一挡齿轮→单向离合器→副轴→最终驱动齿轮。

(4) D4 或 D3 位二挡或 2 位。液力变矩器→主轴→主轴惰轮→副轴惰轮→中间轴惰轮→二挡离合器→中间轴二挡齿轮→副轴二挡齿轮→最终驱动齿轮。

(5) D4 或 D3 位三挡。液力变矩器→主轴→三挡离合器→主轴三挡齿轮→副轴三挡齿轮→副轴→最终驱动齿轮。

(6) D4 位四挡。液力变矩器→主轴→四挡离合器→主轴四挡齿轮→副轴四挡齿轮→倒挡接合套→副轴→最终驱动齿轮。

(7) 1 位一挡。动力传递路线与 D4 或 D3 位一挡基本相同，区别仅在于一挡固定离合器接合，使动力分流，实现发动机制动。阻力传递路线：车轮→驱动桥→最终驱动齿轮→副轴→一挡固定离合器→副轴一挡齿轮→中间轴一挡齿轮→一挡离合器→中间轴→中间轴惰轮→副轴惰轮→主轴惰轮→主轴→液力变矩器→发动机。

(8) R 位。液力变矩器→主轴→四挡离合器→主轴倒挡齿轮→倒挡惰轮→副轴倒挡齿轮→副轴→最终驱动齿轮。

第四节　自动变速器齿轮变速机构的维修

一、实训器材

(1) 车辆：丰田卡罗拉乘用车的 U341E 型自动变速器。

(2) 普通工具：组合扳手、螺丝刀、钳子、扭力扳手、小扭力扳手、高压气枪、锤子、塑料锤、压力机、尖冲头、铜棒。

(3) 专用工具：SST 09387-00070、SST 09930-00010、SST 09387-00120、SST 09950-60010（09951-00400，09951-00320，09952-06010）、SST 09950-70010（09951-07100）、SST 09950-60010（09951-00350）、SST 09950-70010（09951-07150）、SST 09308-10010、SST 09612-65014（09612-01040）、SST 09950-60010（09951-00550）、SST 09554-14010、SST 09726-27012（09726-02041）、SST 09950-60010（09951-00610）、SST 09950-60020（09951-00890）、SST 09950-60010（09951-00220）、SST 09221-25026（09221-00071）、SST 09223-15030、SST 09527-17011、SST 09950-60010（09951-00650）、SST 09950-60010（09951-00480）、SST 09350-36010（09350-06110）。

(4)检测工具:百分表、磁性底座、厚薄规、游标卡尺、直尺。

(5)其他:安放自动变速器的木块、抹布或布条、通用润滑脂、密封胶(丰田原厂密封胶1281、THREE BOND1281或同等产品)、丰田原厂ATF WS。

二、准备工作

(1)将工位清理干净。
(2)准备好相关的器材。

三、操作步骤

丰田卡罗拉乘用车U341E型自动变速器的分解图,如图3-35~图3-44所示。

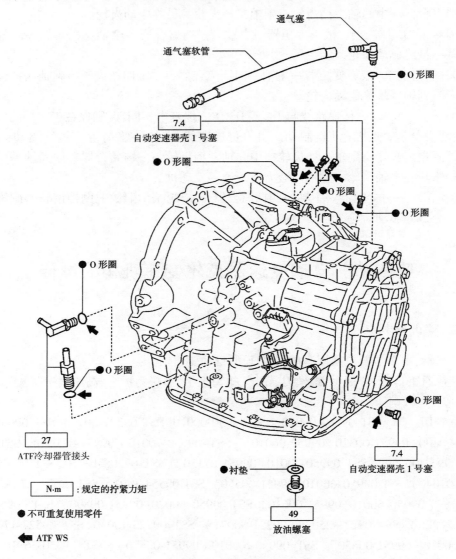

图3-35 U341E型自动变速器的分解图(一)

第三章 自动变速器齿轮变速机构的构造与维修

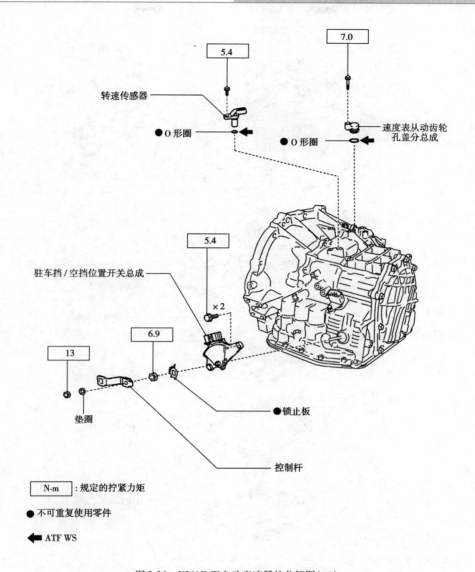

图 3-36 U341E 型自动变速器的分解图(二)

1. U341E 型自动变速器的拆解

(1)拆卸速度表从动齿轮孔盖分总成。如图 3-45 所示,将螺栓和速度表从动齿轮孔盖分总成从自动变速器外壳上拆下。从速度表从动齿轮孔盖分总成上拆下 O 形圈。

(2)拆卸驻车挡/空挡位置开关总成。

①如图 3-46 所示,拆下螺母、垫圈和控制杆。

②如图 3-47 所示,用螺丝刀撬出锁止板并拆下手动阀轴螺母。

③如图 3-48 所示,拆下 2 个螺栓,并拉出驻车挡/空挡位置开关总成。

(3)拆卸转速传感器。如图 3-49 所示,从自动变速器壳上拆下螺栓和转速传感器。

(4)拆卸 ATF 冷却器管接头。如图 3-50 所示,从自动变速器壳上拆下两个 ATF 冷却器管接头,从 2 个 ATF 冷却器管接头上拆下两个 O 形圈。

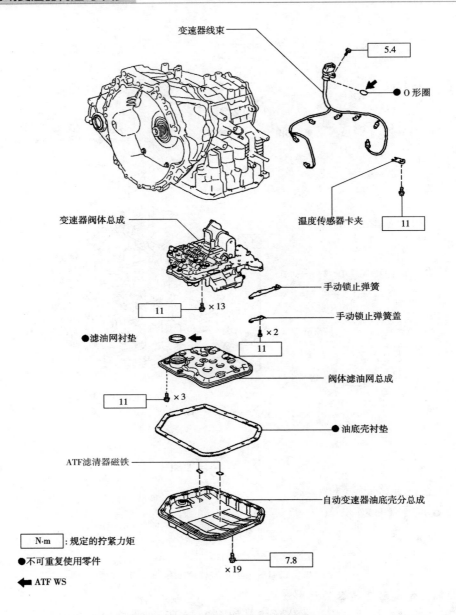

图 3-37　U341E 型自动变速器的分解图(三)

(5)拆卸自动变速器壳 1 号塞。

①如图 3-51 所示,从自动变速器外壳和自动变速器壳上拆下 4 个自动变速器壳 1 号塞。

②如图 3-52 所示,从自动变速器壳上拆下自动变速器壳 1 号塞。从 5 个自动变速器壳 1 号塞上拆下 5 个 O 形圈。

(6)拆卸通气塞软管。如图 3-53 所示,从通气塞上拆下通气塞软管。

(7)拆卸通气塞。从自动变速器壳上拆下通气塞。

(8)固定自动变速器总成。如图 3-54 所示,将自动变速器放到木块上。

(9)拆卸自动变速器油底壳分总成。

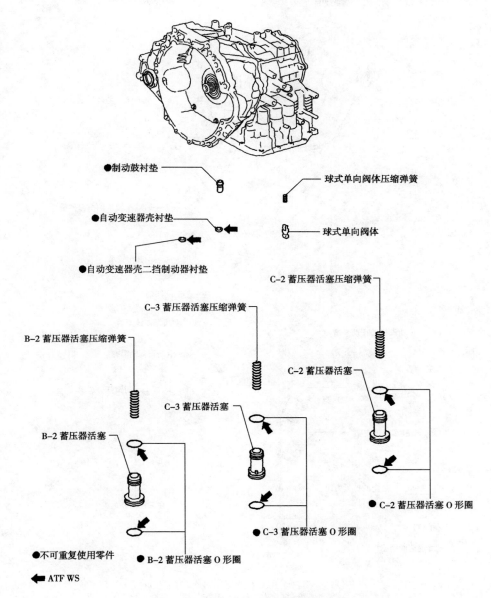

图 3-38　U341E 型自动变速器的分解图（四）

①如图 3-55 所示，拆下 19 个螺栓、油底壳和油底壳衬垫。
②如图 3-56 所示，从油底壳上拆下两个 ATF 滤清器磁铁。
③检查油底壳中的微粒。用拆下的磁铁收集所有钢屑。仔细查看油底壳内及磁铁上的异物和微粒，判断自动变速器中可能存在的磨损类型。钢（磁性）：轴承、齿轮和离合器片磨损。铜（非磁性）：轴承磨损。
（10）拆卸阀体滤油网总成。
①如图 3-57 所示，拆下 3 个螺栓和滤油网总成。
②如图 3-58 所示，从滤油网总成上拆下滤油网衬垫。

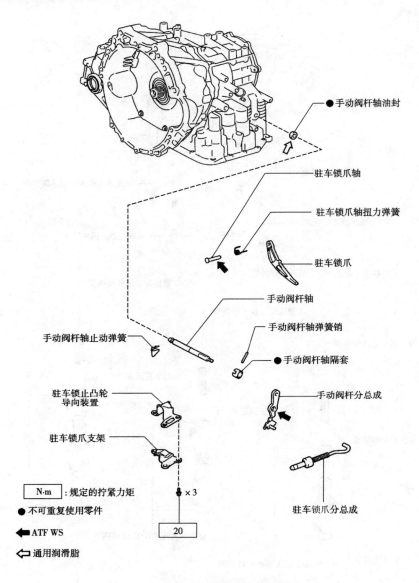

图 3-39 U341E 型自动变速器的分解图(五)

(11) 拆卸变速器阀体总成。

①如图 3-59 所示,断开 5 个电磁阀连接器。拆下螺栓、锁止板和 ATF 温度传感器。

②如图 3-60 所示,拆下 2 个螺栓、锁止弹簧罩和锁止弹簧。

③如图 3-61 所示,从自动变速器壳上拆下 13 个螺栓和阀体总成。

(12) 拆卸变速器线束。

①如图 3-62 所示,从自动变速器壳上拆下螺栓和变速器线束。

②如图 3-63 所示,从变速器线束上拆下 O 形圈。

(13) 拆卸自动变速器壳二挡制动器衬垫。如图 3-64 所示,从自动变速器壳上拆下自动变速器壳二挡制动器衬垫。

第三章 自动变速器齿轮变速机构的构造与维修

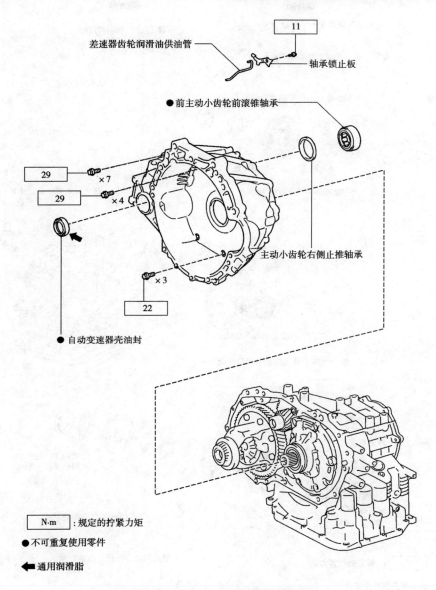

图 3-40 U341E 型自动变速器的分解图(六)

(14)拆卸自动变速器壳衬垫。如图 3-65 所示,从自动变速器壳上拆下自动变速器壳衬垫。

(15)拆卸制动鼓衬垫。如图 3-66 所示,从自动变速器壳上拆下制动鼓衬垫。

(16)拆卸球式单向阀体。如图 3-67 所示,从自动变速器壳上拆下球式单向阀体和弹簧。

(17)拆卸 B-2 蓄压器活塞。

①如图 3-68 所示,向 ATF 孔施加压缩空气(392kPa),拆下 B-2 蓄压器活塞和弹簧。注意:吹入空气可能导致活塞跳出。拆下活塞时,用抹布或布条将其握住。使用压缩空气时,切勿将 ATF 溅出。

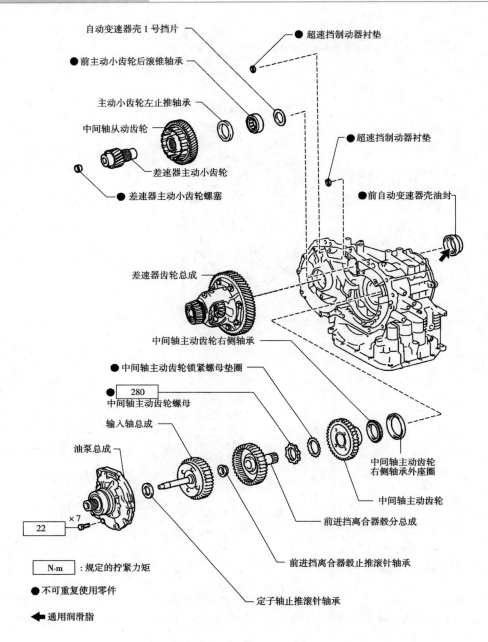

图3-41 U341E型自动变速器的分解图(七)

②如图3-69所示,从B-2蓄压器活塞中拆下2个O形圈。

(18)拆卸C-3蓄压器活塞。

①如图3-70所示,向ATF孔施加压缩空气(392kPa),拆下C-3蓄压器活塞和弹簧。注意:吹入空气可能导致活塞跳出。拆下活塞时,用抹布或布条将其握住。使用压缩空气时,切勿将ATF溅出。

②如图3-71所示,从C-3蓄压器活塞中拆下2个O形圈。

第三章 自动变速器齿轮变速机构的构造与维修

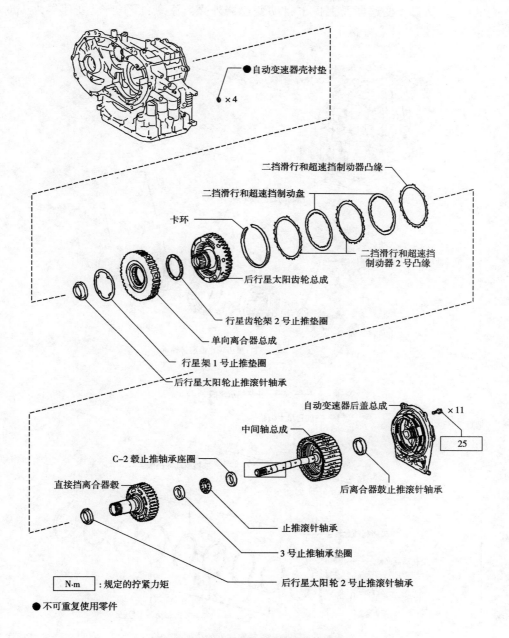

图 3-42 U341E 型自动变速器的分解图(八)

(19)拆卸 C-2 蓄压器活塞。

①如图 3-72 所示,向 ATF 孔施加压缩空气(392kPa),拆下 C-2 蓄压器活塞和弹簧。注意:吹入空气可能导致活塞跳出。拆下活塞时,用抹布或布条将其握住。使用压缩空气时,切勿将 ATF 溅出。

②如图 3-73 所示,从 C-2 蓄压器活塞中拆下 2 个 O 形圈。

(20)拆卸自动变速器外壳。如图 3-74 所示,拆下 14 个螺栓。用塑料锤敲打自动变速器外壳的周边,从自动变速器壳上拆下自动变速器外壳。注意:拆下自动变速器外壳时,差速器齿轮总成可能会被意外拆下。

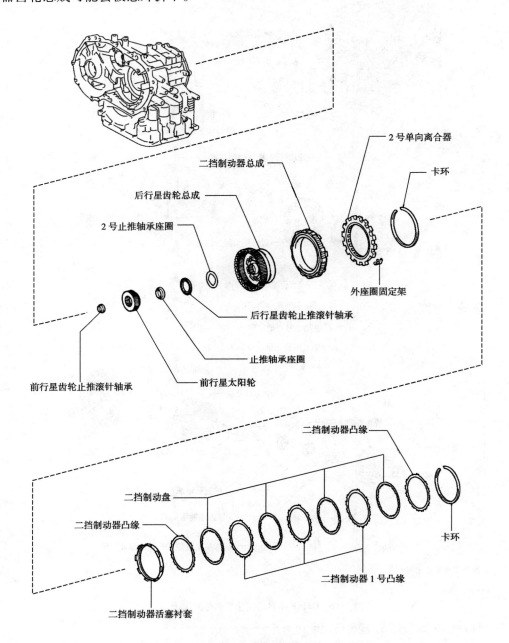

图3-43　U341E型自动变速器的分解图(九)

(21)检查输入轴轴向间隙。如图3-75所示,测量轴向间隙。轴向间隙:0.37～1.29mm。如果轴向间隙不符合规定,更换定子轴止推滚针轴承和前进挡离合器毂的止推滚针轴承。

(22)拆卸油泵总成。如图3-76所示,从自动变速器壳上拆下7个螺栓和油泵总成。

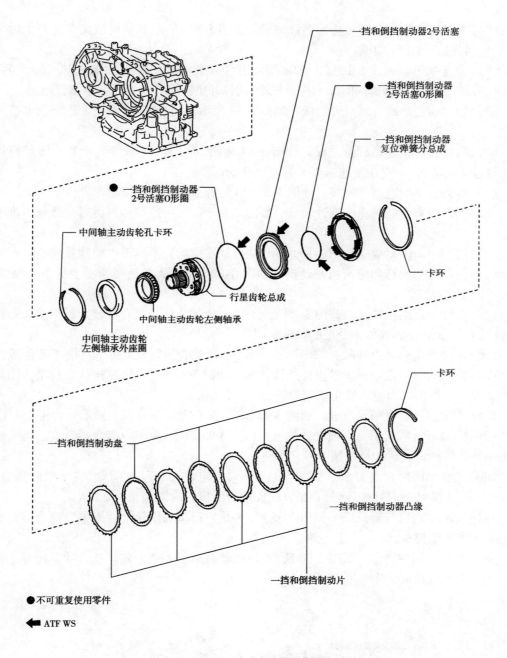

图3-44　U341E型自动变速器的分解图(十)

(23)拆卸差速器齿轮总成。如图3-77所示,从自动变速器壳上拆下差速器齿轮总成。

(24)拆卸超速挡制动器衬垫。如图3-78所示,用螺丝刀从自动变速器壳上拆下2个超速挡制动器衬垫。

(25)拆卸输入轴总成。如图3-79所示,从自动变速器壳上拆下输入轴总成。

(26)拆卸定子轴止推滚针轴承。如图3-80所示,从输入轴上拆下定子轴止推滚针轴承。

(27)拆卸前进挡离合器毂止推滚针轴承。如图3-81所示,从前进挡离合器毂上拆下前进挡离合器毂止推滚针轴承。

(28)检查中间轴总成。如图3-82所示,用百分表测量中间轴轴向间隙。轴向间隙:0.204～0.966mm。如果轴向间隙不符合规定,选择并更换后离合器鼓止推滚针轴承。

(29)拆卸前进挡离合器毂分总成。如图3-83所示,从自动变速器壳上拆下前进挡离合器毂。

(30)拆卸自动变速器后盖总成。如图3-84所示,拆下11个螺栓。用塑料锤敲打自动变速器后盖的周边,从自动变速器壳上拆下自动变速器后盖。

(31)拆卸自动变速器壳衬垫。如图3-85所示,拆下4个自动变速器壳衬垫。

(32)拆卸后离合器鼓止推滚针轴承。如图3-86所示,用磁棒拆下后离合器鼓止推滚针轴承。

(33)拆卸中间轴总成。如图3-87所示,从自动变速器壳上拆下中间轴总成。

(34)拆卸二挡滑行和超速挡制动盘。如图3-88所示,从自动变速器上拆下凸缘、2个盘和2个2号凸缘。

(35)拆卸止推滚针轴承。如图3-89所示,用磁棒从直接挡离合器毂上拆下C-2毂止推轴承座圈、止推滚针轴承和3号止推轴承座圈。

(36)拆卸直接挡离合器毂。如图3-90所示,从自动变速器壳上拆下直接挡离合器毂。

(37)拆卸后行星太阳轮2号止推滚针轴承。如图3-91所示,用磁棒从后行星太阳齿轮总成上拆下后行星太阳轮2号止推滚针轴承。

(38)拆卸后行星太阳轮总成。如图3-92所示,从自动变速器壳上拆下后行星太阳轮。

(39)拆卸后行星太阳轮止推滚针轴承。如图3-93所示,从单向离合器总成上拆下后行星太阳轮止推滚针轴承和行星架1号止推垫圈。

(40)检查单向离合器总成。如图3-94所示,固定住后行星太阳轮,转动单向离合器。确保单向离合器在逆时针旋转时自由转动,而顺时针旋转时则锁止。

(41)拆卸单向离合器总成。如图3-95所示,从后行星太阳轮上拆下单向离合器总成和行星架2号止推垫圈。

(42)拆卸二挡制动盘。如图3-96所示,用螺丝刀拆下2个卡环。从自动变速器上拆下2个凸缘、4个盘和3个片。

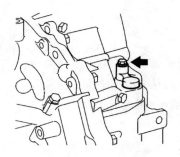 

图3-45 自动变速器的拆解(一)　　图3-46 自动变速器的拆解(二)

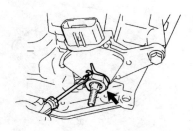
图 3-47　自动变速器的拆解（三）

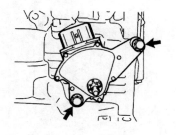
图 3-48　自动变速器的拆解（四）

图 3-49　自动变速器的拆解（五）

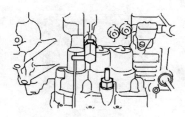
图 3-50　自动变速器的拆解（六）

图 3-51　自动变速器的拆解（七）

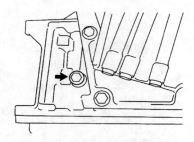
图 3-52　自动变速器的拆解（八）

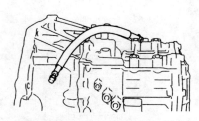
图 3-53　自动变速器的拆解（九）

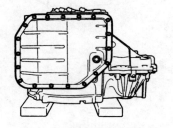
3-54　自动变速器的拆解（十）

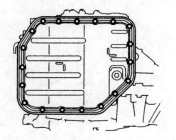
图 3-55　自动变速器的拆解（十一）

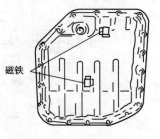
图 3-56　自动变速器的拆解（十二）

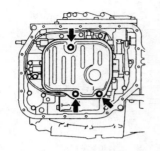
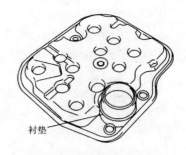

图 3-57　自动变速器的拆解（十三）　　图 3-58　自动变速器的拆解（十四）

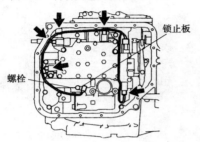
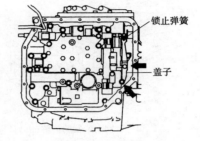

图 3-59　自动变速器的拆解（十五）　　图 3-60　自动变速器的拆解（十六）

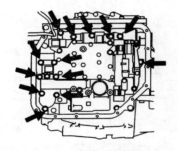

图 3-61　自动变速器的拆解（十七）　　图 3-62　自动变速器的拆解（十八）

图 3-63　自动变速器的拆解（十九）　　图 3-64　自动变速器的拆解（二十）

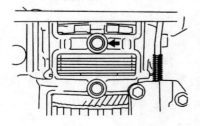

图 3-65　自动变速器的拆解（二十一）　图 3-66　自动变速器的拆解（二十二）

第三章 自动变速器齿轮变速机构的构造与维修

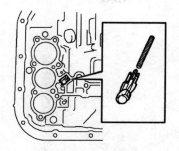

图3-67 自动变速器的拆解（二十三）

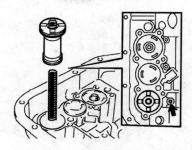

图3-68 自动变速器的拆解（二十四）

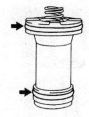

图3-69 自动变速器的拆解（二十五）

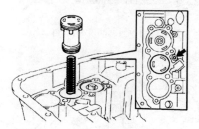

图3-70 自动变速器的拆解（二十六）

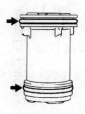

图3-71 自动变速器的拆解（二十七）

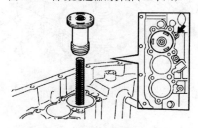

图3-72 自动变速器的拆解（二十八）

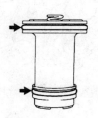

图3-73 自动变速器的拆解（二十九）

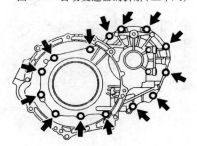

图3-74 自动变速器的拆解（三十）

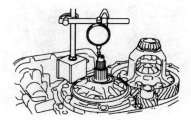

图3-75 自动变速器的拆解（三十一）

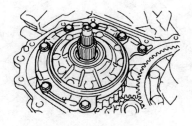

图3-76 自动变速器的拆解（三十二）

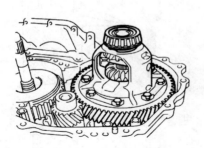

图 3-77　自动变速器的拆解（三十三）

图 3-78　自动变速器的拆解（三十四）

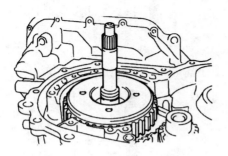

图 3-79　自动变速器的拆解（三十五）

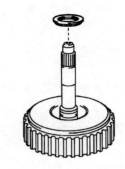

图 3-80　自动变速器的拆解（三十六）

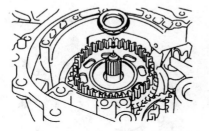

图 3-81　自动变速器的拆解（三十七）

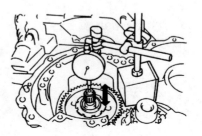

图 3-82　自动变速器的拆解（三十八）

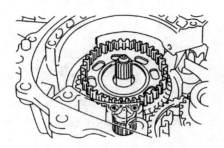

图 3-83　自动变速器的拆解（三十九）

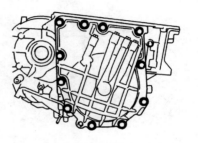

图 3-84　自动变速器的拆解（四十）

第三章 自动变速器齿轮变速机构的构造与维修

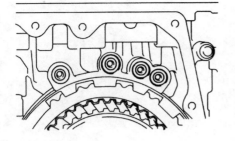

图 3-85　自动变速器的拆解（四十一）

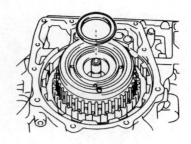

图 3-86　自动变速器的拆解（四十二）

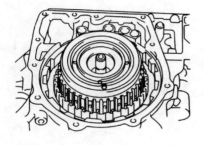

图 3-87　自动变速器的拆解（四十三）

图 3-88　自动变速器的拆解（四十四）

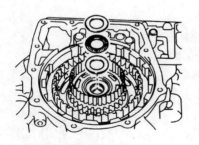

图 3-89　自动变速器的拆解（四十五）

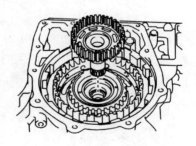

图 3-90　自动变速器的拆解（四十六）

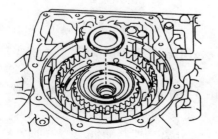

图 3-91　自动变速器的拆解（四十七）

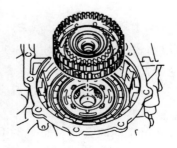

图 3-92　自动变速器的拆解（四十八）

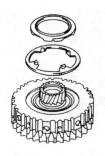

图3-93 自动变速器的拆解(四十九)

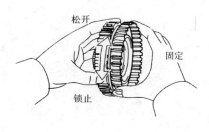

图3-94 自动变速器的拆解(五十)

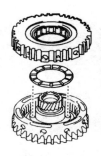

图3-95 自动变速器的拆解(五十一)

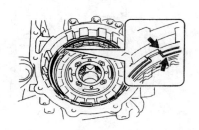

图3-96 自动变速器的拆解(五十二)

(43)拆卸二挡制动器活塞套筒。如图3-97所示,从自动变速器壳上拆下二挡制动器活塞套筒。

(44)检查2号单向离合器。如图3-98所示,旋转后行星齿轮总成,确保后行星齿轮总成在逆时针旋转时自由转动,而顺时针旋转时则锁止。

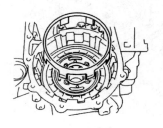

图3-97 自动变速器的拆解(五十三)

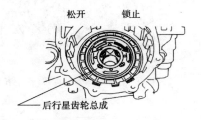

图3-98 自动变速器的拆解(五十四)

(45)拆卸后行星齿轮总成。如图3-99所示,用螺丝刀拆下卡环,从自动变速器壳上拆下后行星齿轮总成。

(46)拆卸后行星齿轮止推滚针轴承。如图3-100所示,从后行星齿轮总成上拆下止推滚针轴承和2个轴承座圈。

(47)拆卸2号单向离合器。如图3-101所示,分离二挡制动缸、2号单向离合器和后行星齿轮。

(48)拆卸外座圈固定架。如图3-102所示,从2号单向离合器上拆下固定架。

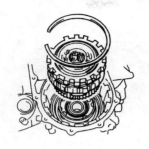
图 3-99 自动变速器的拆解（五十五）

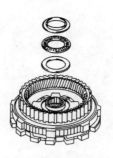
图 3-100 自动变速器的拆解（五十六）

（49）拆卸前行星太阳轮。如图 3-103 所示，从自动变速器壳上拆下前行星太阳轮和止推滚针轴承。

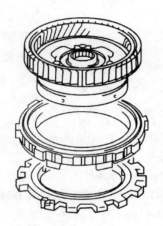

图 3-102 自动变速器的拆解（五十八）

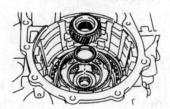

图 3-101 自动变速器的拆解（五十七）　　图 3-103 自动变速器的拆解（五十九）

（50）拆卸一挡和倒挡制动盘。如图 3-104 所示，用螺丝刀拆下卡环，从自动变速器壳上拆下凸缘、4 个盘和 4 个片。

（51）拆卸一挡和倒挡制动器复位弹簧分总成。如图 3-105 所示，用 SST 09387-00070、压力机和螺丝刀拆下卡环。拆下一挡和倒挡制动器复位弹簧分总成。

（52）拆卸一挡和倒挡制动器 2 号活塞。如图 3-106 所示，向自动变速器壳孔施加压缩空气（392kPa），拆下一挡和倒挡制动器 2 号活塞。注意：吹入空气可能导致活塞跳出，拆下活塞时，用抹布或布条将其握住；使用压缩空气时切勿将 ATF 溅出。

图 3-104 自动变速器的拆解（六十）

（53）拆卸一挡和倒挡制动器 2 号活塞 O 形圈。如图 3-107 所示，从一挡和倒挡制动器 2 号活塞上拆下 2 个 O 形圈。

（54）拆卸中间轴主动齿轮螺母。

①如图 3-108 所示，用驻车锁爪固定中间轴从动齿轮。

②如图 3-109 所示，用 SST 09930-00010 和锤子松开锁紧螺母垫圈。

③如图 3-110 所示，用 SST 09387-00120 拆下螺母和锁紧螺母垫圈。

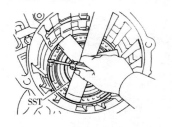

图3-105　自动变速器的拆解（六十一）

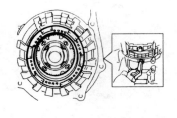

图3-106　自动变速器的拆解（六十二）

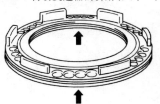

图3-107　自动变速器的拆解（六十三）

图3-108　自动变速器的拆解（六十四）

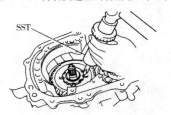

图3-109　自动变速器的拆解（六十五）

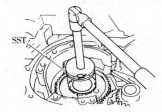

图3-110　自动变速器的拆解（六十六）

（55）拆卸行星齿轮总成。如图3-111所示，使用SST 09950-60010（09951-00400，09951-00320，09952-06010），09950-70010（09951-07100）和压力机，将行星齿轮总成从自动变速器壳上拆下。

（56）拆卸中间轴主动齿轮。如图3-112所示，将2个螺栓安装至中间轴主动齿轮。螺栓（M6）长度为40～80mm，螺距为1.0mm。旋转2个螺栓，拆下中间轴主动齿轮和前行星太阳轮。从中间轴主动齿轮和前行星太阳轮上拆下2个径向滚珠轴承。

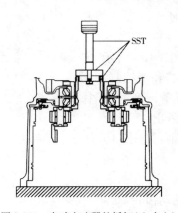

图3-111　自动变速器的拆解（六十七）

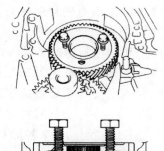

图3-112　自动变速器的拆解（六十八）

（57）拆卸驻车锁爪支架。如图3-113所示，从自动变速器壳上拆下3个螺栓、凸轮导套和支架。

(58) 拆卸手动阀杆轴止动弹簧。如图 3-114 所示，从手动阀杆轴上拆下手动阀杆轴止动弹簧。

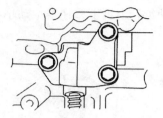

图 3-113　自动变速器的拆解（六十九）

图 3-114　自动变速器的拆解（七十）

(59) 拆卸手动阀杆分总成。
① 如图 3-115 所示，用螺丝刀松开并拆下隔套。
② 如图 3-116 所示，用尖冲头和锤子敲出手动阀杆轴弹簧销。拆下手动阀杆轴和手动阀杆。

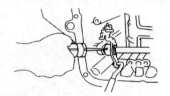

图 3-115　自动变速器的拆解（七十一）

图 3-116　自动变速器的拆解（七十二）

(60) 拆卸驻车锁杆分总成。如图 3-117 所示，从手动阀杆上拆下驻车锁杆。

(61) 拆卸手动阀杆轴。如图 3-118 所示，从自动变速器壳上拆下手动阀杆轴。

图 3-117　自动变速器的拆解（七十三）

图 3-118　自动变速器的拆解（七十四）

(62) 拆卸驻车锁爪。如图 3-119 所示，用螺丝刀从自动变速器壳上拆下驻车锁爪轴。从自动变速器壳上拆下驻车锁爪扭力弹簧和驻车锁爪。

(63) 拆卸中间轴从动齿轮。如图 3-120 所示，从自动变速器壳上拆下中间轴从动齿轮、主动小齿轮和止推滚针轴承。

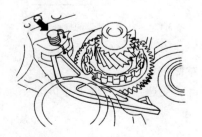

图 3-119　自动变速器的拆解（七十五）

图 3-120　自动变速器的拆解（七十六）

(64)拆卸差速器主动小齿轮螺塞。如图3-121所示,用铜棒和锤子拆下差速器主动小齿轮螺塞。

(65)拆卸差速器主动小齿轮。如图3-122所示,用SST 09950-60010(09951-00350),09950-70010(09951-07150)和压力机从中间轴从动齿轮上拆下差速器主动小齿轮。

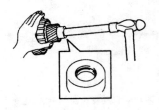 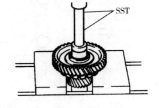

图3-121 自动变速器的拆解(七十七)　　　图3-122 自动变速器的拆解(七十八)

(66)拆卸轴承锁止板。如图3-123所示,拆下螺栓和轴承锁止板。

(67)拆卸差速器齿轮润滑油供油管。如图3-124所示,从自动变速器外壳上拆下差速器齿轮润滑油供油管。

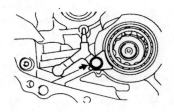 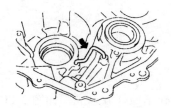

图3-123 自动变速器的拆解(七十九)　　　图3-124 自动变速器的拆解(八十)

(68)拆卸前主动小齿轮前滚锥轴承。如图3-125所示,用SST 09308-10010从自动变速器外壳上拆下前主动小齿轮前滚锥轴承。

(69)拆卸前主动小齿轮后滚锥轴承。如图3-126所示,用SST 09612-65014(09612-01040)从自动变速器壳上拆下前主动小齿轮后滚锥轴承。从自动变速器壳上拆下自动变速器壳1号挡片。

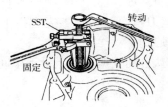 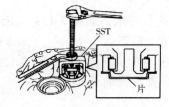

图3-125 自动变速器的拆解(八十一)　　　图3-126 自动变速器的拆解(八十二)

(70)拆卸中间轴主动齿轮左侧轴承。

①从自动变速器壳上拆下中间轴主动齿轮左侧轴承。

②如图3-127所示,用SST 09308-00010从自动变速器壳上拆下中间轴主动齿轮左侧轴承外座圈。

(71)拆卸中间轴主动齿轮右侧轴承。

①从自动变速器壳上拆下中间轴主动齿轮右侧轴承。

②如图3-128所示,用 SST 09308-00010 从自动变速器壳上拆下中间轴主动齿轮右侧轴承外座圈。

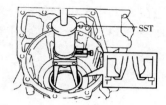 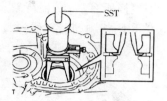

图3-127　自动变速器的拆解(八十三)　　　图3-128　自动变速器的拆解(八十四)

(72)拆卸中间轴主动齿轮孔卡环。如图3-129所示,用螺丝刀从自动变速器壳上拆下中间轴主动齿轮孔卡环。

(73)拆卸手动阀杆轴油封。如图3-130所示,用螺丝刀从自动变速器壳上拆下手动阀杆轴油封。

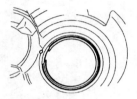 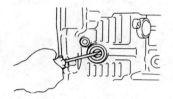

图3-129　自动变速器的拆解(八十五)　　　图3-130　自动变速器的拆解(八十六)

(74)拆卸前自动变速器壳油封。如图3-131所示,用 SST 09950-60010(09951-00550),09950-70010(09951-07100)和锤子从自动变速器壳上拆下自动变速器壳油封。

(75)拆卸自动变速器壳油封。如图3-132所示,用 SST 09950-60010(09951-00530),09950-70010(09951-07100)和锤子从自动变速器外壳上拆下自动变速器壳油封。

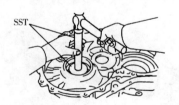 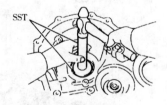

图3-131　自动变速器的拆解(八十七)　　　图3-132　自动变速器的拆解(八十八)

2. U341E型自动变速器的检查

(1)检查二挡滑行和超速挡制动盘。如图3-133所示,检查盘、片和凸缘的滑动表面是否有磨损或烧蚀。如有必要,更换它们。注意:如果任何盘摩擦衬片剥落或变色,或者印制有编号的部分被损坏,则更换所有盘;组装新盘前,将其浸泡在 ATF 中至少 15min。

(2)检查二挡制动盘(见图3-133)。检查盘、片和凸缘的滑动表面是否有磨损或烧蚀。如有必要,更换它们。注意:如果任何盘摩擦衬片剥落或变色,或者印制有标记的部分被损坏,则更换所有盘;组装新盘前,将其浸泡在 ATF 中至少 15min。

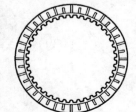

图3-133　检查二挡滑行和超速挡制动盘

(3)检查一挡和倒挡制动盘。如图 3-134 所示,检查盘、片和凸缘的滑动表面是否有磨损或烧蚀。如有必要,更换它们。注意:如果任何盘摩擦衬片剥落或变色,或者印制有标记的部分被损坏,则更换所有盘;组装新盘前,将其浸泡在 ATF 中至少 15min。

(4)检查一挡和倒挡制动器复位弹簧分总成。如图 3-135 所示,用游标卡尺测量弹簧连同弹簧座的自由长度,标准自由长度:13.96mm。

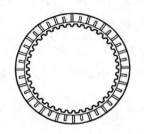
图 3-134　检查一挡和倒挡制动盘

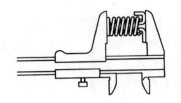
图 3-135　检查一挡和倒挡制动器复位弹簧分总成

3. U341E 型自动变速器的装配

(1)轴承位置。如图 3-136 所示,检查轴承位置和安装方向。

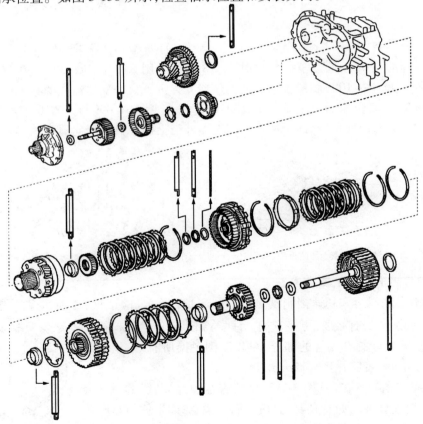

图 3-136　自动变速器的装配(一)

(2)检查差速器壳滚锥轴承预紧力。

①在前差速器壳和轴承上涂 ATF,并将其安装至自动变速器壳。

②如图 3-137 所示,用 14 个螺栓安装自动变速器外壳。螺栓 A 的拧紧力矩为 29N·m;螺栓 B 的拧紧力矩为 22N·m。

③如图 3-138 所示,用 SST 和小扭力扳手测量差速器齿轮的预紧力。新的轴承标准预紧力为 0.98~1.57N·m;旧的轴承标准预紧力为 0.49~0.78N·m。如果预紧力不符合规定,从自动变速器壳上拆下差速器。根据表 3-7 选择一个新的自动变速器壳侧调整垫片。

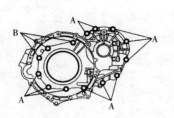

图 3-137 自动变速器的装配(二)

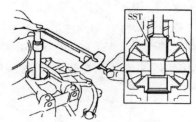

图 3-138 自动变速器的装配(三)

调整垫片厚度　　　　　　　　　　　　　　　表 3-7

标　记	厚度(mm)	标　记	厚度(mm)
01	1.90	11	2.40
02	1.95	12	2.45
03	2.00	13	2.50
04	2.05	14	2.55
05	2.10	15	2.60
06	2.15	16	2.65
07	2.20	17	2.70
08	2.25	18	2.75
09	2.30	19	2.80
10	2.35		

(3)安装自动变速器壳油封。

①在新自动变速器壳油封的唇口上涂通用润滑脂。

②如图 3-139 所示,用 SST 09554-14010,09950-70010(09951-07100)和锤子敲入自动变速器壳油封。油封嵌入深度:-0.5~0.5mm。

(4)安装前自动变速器壳油封。

①在新前自动变速器壳油封的唇口上涂通用润滑脂。

②如图 3-140 所示,用 SST 09726-27012(09726-02041),09950-70010(09951-07150)和锤子敲入前自动变速器壳油封。油封嵌入深度:2.2~3.2mm。

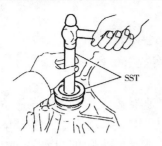
图3-139 自动变速器的装配(四)

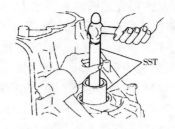
图3-140 自动变速器的装配(五)

(5)安装前主动小齿轮后滚锥轴承。
①如图3-141所示,将自动变速器壳1号挡片安装至自动变速器壳。
②如图3-142所示,用SST 09950-60010(09951-00610)、09950-70010(09951-07150)和锤子将前主动小齿轮后滚锥轴承安装至自动变速器壳。

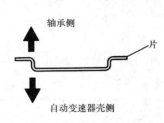
图3-141 自动变速器的装配(六)

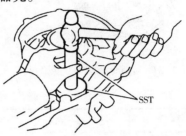
图3-142 自动变速器的装配(七)

(6)安装前主动小齿轮前滚锥轴承。
①将止推轴承安装至自动变速器外壳。
②如图3-143所示,用SST 09950-60010(09951-00650)、09950-70010(09951-07150)和压力机将新的前主动小齿轮前滚锥轴承安装至自动变速器外壳。

(7)安装差速器齿轮润滑油供油管。如图3-144所示,将差速器齿轮润滑油供油管安装至自动变速器外壳。

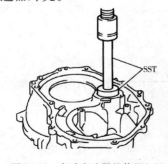
图3-143 自动变速器的装配(八)

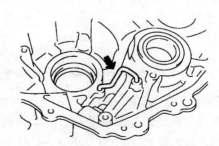
图3-144 自动变速器的装配(九)

(8)安装轴承锁止板(图3-123)。用螺栓将轴承锁止板安装至自动变速器外壳,拧紧力矩:11N·m。

(9)安装中间轴主动齿轮孔卡环(图3-129)。用螺丝刀将中间轴主动齿轮孔卡环安装至自动变速器壳。

(10)安装中间轴主动齿轮左侧轴承。如图 3-145 所示,用 SST 09950-60020(09951-00890),09950-70010(09951-07150)和锤子将中间轴主动齿轮左侧轴承外座圈安装至自动变速器壳。将中间轴主动齿轮左侧轴承安装至自动变速器壳。

(11)安装中间轴主动齿轮右侧轴承。如图 3-146 所示,用 SST 09950-60020(09951-00890),09950-70010(09951-07150)和锤子将中间轴主动齿轮右侧轴承外座圈安装至自动变速器壳,将中间轴主动齿轮右侧轴承安装至自动变速器壳。

 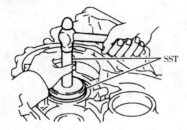

图 3-145　自动变速器的装配(十)　　图 3-146　自动变速器的装配(十一)

(12)安装手动阀杆轴油封。

①在新手动阀杆轴油封唇口上涂抹一层通用润滑脂。

②如图 3-147 所示,用 SST 09950-60010(09951-00220),09950-70010(09951-07100)和锤子安装新手动阀杆轴油封。油封嵌入深度:-0.5~0.5mm。

(13)安装差速器主动小齿轮。如图 3-148 所示,用 SST 09950-60010(09951-00350),09950-70010(09951-07150)和压力机将差速器主动小齿轮安装至中间轴从动齿轮。注意:更换中间轴从动齿轮时,同时更换自动变速器壳中的中间轴主动齿轮;压下差速器主动小齿轮直到与中间轴从动齿轮接触。

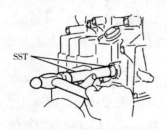 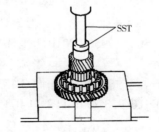

图 3-147　自动变速器的装配(十二)　　图 3-148　自动变速器的装配(十三)

(14)安装差速器主动小齿轮螺塞。如图 3-149 所示,用 SST 09221-25026(09221-00071)和塑料锤将新的差速器主动小齿轮螺塞安装至差速器主动小齿轮。标准间隙:2.5~3.5mm。

(15)安装中间轴从动齿轮。如图 3-150 所示,将中间轴从动齿轮和主动小齿轮止推轴承安装至自动变速器壳。

(16)安装驻车锁爪。

①在驻车锁爪轴上涂 ATF。

②见图 3-119,将驻车锁爪、驻车锁爪轴扭力弹簧和驻车锁爪轴安装至自动变速器壳。

注意:检查并确认驻车锁爪移动平稳。

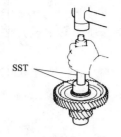

图3-149 自动变速器的装配(十四)

(17)安装手动阀杆轴(图3-118)。将手动阀杆轴安装至自动变速器壳。

注意:切勿损坏油封唇口。

(18)安装驻车锁杆分总成(图3-117)。将驻车锁杆安装至手动阀杆。

(19)安装手动阀杆分总成。

①在手动阀杆分总成上涂ATF。

②将手动阀杆和新的手动阀杆隔套安装至手动阀杆轴。

③见图3-116,用尖冲头和锤子将销敲入。

④如图3-151所示,转动隔套和杆轴,使定位小孔与杆轴上的锁紧位置标记对齐。

⑤使用一个尖冲头,通过小孔锁紧隔套。

⑥检查并确认隔套没有转动。

(20)安装手动阀杆轴止动弹簧(图3-114)。将手动阀杆轴止动弹簧安装至手动阀杆轴。

(21)安装驻车锁爪支架(图3-113)。用3个螺栓将驻车锁爪支架、驻车锁杆和凸轮导向装置安装至自动变速器壳,拧紧力矩:20N·m。

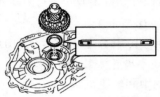
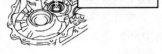

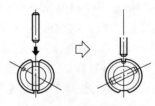

图3-150 自动变速器的装配(十五) 　　图3-151 自动变速器的装配(十六)

(22)安装中间轴主动齿轮。如图3-152所示,用SST 09223-15030,09527-17011,09950-60010(09951-00650),09950-70010(09951-07150)和压力机将中间轴主动齿轮安装至自动变速器壳。

(23)安装行星齿轮总成。如图3-153所示,用SST 09950-60010(09951-00480),09223-15030,09527-17011,09950-70010(09951-07150)和压力机将行星齿轮总成安装至自动变速器壳。

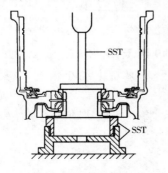
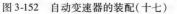

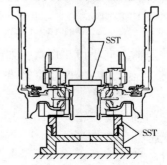

图3-152 自动变速器的装配(十七) 　　图3-153 自动变速器的装配(十八)

(24)安装中间轴主动齿轮螺母。

①见图3-108,用驻车锁爪固定中间轴从动齿轮。

②如图 3-154 所示，用 SST 09387-00120 安装新的锁紧垫圈和螺母，拧紧力矩：280N·m。

③如图 3-155 所示，用 SST 09387-00120 和小扭力扳手，测量以 60r/min 的速度旋转中间轴主动齿轮时的转动力矩，转动力矩应为 0.20~0.49N·m。

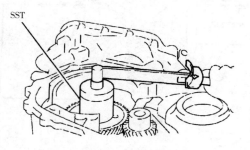

图 3-154　自动变速器的装配（十九）　　　　图 3-155　自动变速器的装配（二十）

④如图 3-156 所示，用 SST 09930-00010 和锤子锁紧锁紧螺母垫圈。

(25) 安装一挡和倒挡制动器 2 号活塞 O 形圈（图 3-107）。在 2 个新的一挡和倒挡制动器 2 号活塞 O 形圈上涂 ATF，并将其安装至一挡和倒挡制动器 2 号活塞。

(26) 安装一挡和倒挡制动器 2 号活塞。如图 3-157 所示，在一挡和倒挡制动器 2 号活塞上涂 ATF，并将其安装至自动变速器壳。注意：切勿损坏油封唇口。

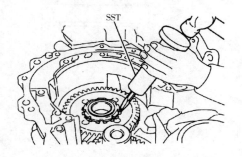 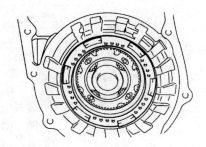

图 3-156　自动变速器的装配（二十一）　　　　图 3-157　自动变速器的装配（二十二）

(27) 安装一挡和倒挡制动器复位弹簧分总成（图 3-105）。将一挡和倒挡制动器复位弹簧分总成安装至自动变速器壳。用 SST 09387-00070、压力机和螺丝刀安装卡环。

(28) 安装一挡和倒挡制动盘。如图 3-158 所示，将 4 个片、4 个盘和凸缘安装至自动变速器壳。用螺丝刀安装卡环。

(29) 检查一挡和倒挡制动器的装配间隙。

①如图 3-159 所示，从后侧压住盘和片，用 SST 09350-36010（09350-06110）和百分表测量一挡和倒挡制动器的装配间隙，装配间隙：0.806~1.206mm。注意：如果间隙不在规定范围内，选择一个新的制动器凸缘。有 4 种不同厚度的凸缘可供选择，见表 3-8。

②将压缩空气（392kPa）吹入油孔中，检查并确认一挡和倒挡制动器活塞移动。

(30) 安装前行星太阳轮。如图 3-160 所示，将行星太阳轮和滚针轴承安装至行星齿轮总成。

(31) 安装外座圈固定架（图 3-102）。将外座圈固定架安装至 2 号单向离合器。

(32) 安装 2 号单向离合器（图 3-101）。将 2 号单向离合器和二挡制动器活塞总成安装至后行星齿轮总成。

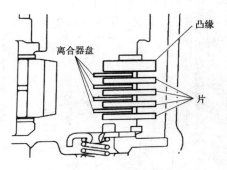

图3-158 自动变速器的装配(二十三)

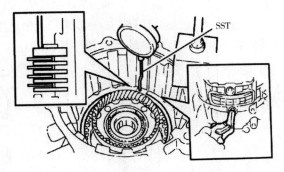

图3-159 自动变速器的装配(二十四)

凸 缘 厚 度　　　　　　　　　　　　表3-8

标　记	厚度(mm)	标　记	厚度(mm)
—	3.4	2	3.8
1	3.6	3	4.0

(33)安装后行星齿轮止推滚针轴承。如图3-161所示,将2号止推轴承座圈、行星齿轮止推滚针轴承和止推轴承座圈安装至后行星齿轮总成。

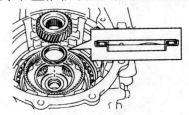

图3-160 自动变速器的装配(二十五)

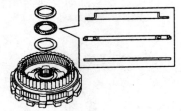

图3-161 自动变速器的装配(二十六)

(34)安装后行星齿轮总成。如图3-162所示,将后行星齿轮总成安装至自动变速器壳。用螺丝刀安装卡环。

(35)检查2号单向离合器(图3-98)。检查并确认后行星齿轮总成逆时针旋转时自由转动,而顺时针旋转时则锁止。

(36)安装二挡制动器活塞套筒(图3-97)。将二挡制动器活塞套筒安装至自动变速器壳。

(37)安装二挡制动盘。

①如图3-163所示,将4个盘、3个二挡制动器1号凸缘和2个二挡制动器凸缘安装至自动变速器壳。

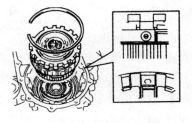

图3-162 自动变速器的装配(二十七)

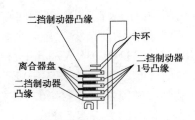

图3-163 自动变速器的装配(二十八)

②见图 3-96,用螺丝刀将 2 个卡环安装至自动变速器壳。

(38)检查二挡制动器的装配间隙。如图 3-164 所示,在施加和释放压缩空气(392～785kPa)的同时,用百分表测量二挡离合器的装配间隙。装配间隙:0.847～1.247mm。注意:如果间隙不在规定范围内,选择一个新的制动器凸缘。有 4 种不同厚度的凸缘可供选择,见表 3-9。

(39)安装单向离合器总成(图 3-95)。将 2 号止推垫圈安装至后行星齿轮总成。将单向离合器总成安装至后行星太阳轮总成。

(40)检查单向离合器总成(图 3-94)。固定住后行星太阳轮,转动单向离合器,检查并确认单向离合器在逆时针旋转时自由转动,而顺时针旋转时则锁止。

(41)安装后行星太阳轮止推滚针轴承。如图 3-165 所示,将止推滚针轴承和垫圈安装至后行星太阳轮。

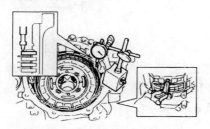

图 3-164 自动变速器的装配(二十九)

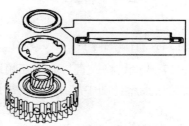

图 3-165 自动变速器的装配(三十)

凸缘厚度　　　　　　　　　　　表 3-9

标　记	厚度(mm)	标　记	厚度(mm)
—	3.0	2	3.4
1	3.2	3	3.6

(42)安装后行星太阳轮总成(图 3-92)。安装后行星太阳轮总成。

(43)安装后行星太阳轮 2 号止推滚针轴承。如图 3-166 所示,将后行星太阳轮 2 号止推滚针轴承安装至后行星太阳轮。

(44)安装直接挡离合器毂(图 3-90)。

(45)安装止推滚针轴承。如图 3-167 所示,将 3 号止推轴承座圈、止推滚针轴承和 C-2 毂止推轴承座圈安装至直接挡离合器毂。

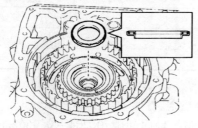

图 3-166 自动变速器的装配(三十一)

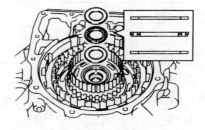

图 3-167 自动变速器的装配(三十二)

(46)安装二挡滑行和超速挡制动盘。

①如图 3-168 所示,测量凸缘厚度(尺寸 A)。

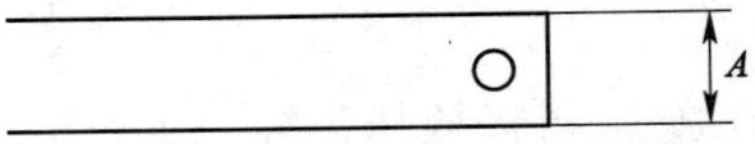

②如图3-169所示,将2个盘、2个片和凸缘安装至自动变速器壳。

(47) 安装中间轴总成(图3-87)。将中间轴总成安装至自动变速器壳。

图3-168 自动变速器的装配(三十三)

(48) 检查二挡滑行和超速挡制动器的间隙。

①如图3-170所示,将一直尺放置在自动变速器壳上,用游标卡尺测量二挡滑行和超速挡制动器凸缘与直尺之间的距离(图中尺寸 B)。

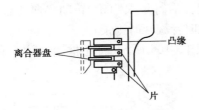

图3-169 自动变速器的装配(三十四)

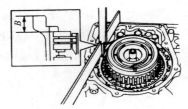

图3-170 自动变速器的装配(三十五)

②如图3-171所示,将一直尺放置在超速挡制动器活塞上,用游标卡尺测量自动变速器后盖和直尺之间的距离(图中尺寸 C)。用下列公式计算活塞行程值。

$$活塞行程值 = A + B - C$$

装配间隙:2.091~2.491mm。

注意:如果间隙不在规定范围内,选择一个新的制动器凸缘。有4种不同厚度的凸缘可供选择,见表3-10。

(49) 安装后离合器鼓止推滚针轴承。如图3-172所示,将轴承安装至中间轴。

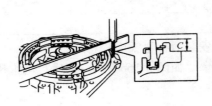

图3-171 自动变速器的装配(三十六)

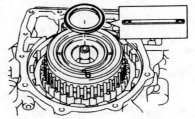

图3-172 自动变速器的装配(三十七)

凸缘厚度　　　　　　　　　　　　　　　表3-10

标　记	厚度(mm)	标　记	厚度(mm)
4	4.0	6	4.4
5	4.2	7	4.6

(50) 检查中间轴总成。

①见图3-84,用11个螺栓安装自动变速器后盖,拧紧力矩:25N·m。

②见图3-82,用百分表测量中间轴轴向间隙。轴向间隙:0.204~0.966mm。如果轴向间隙不符合规定,选择并更换后离合器鼓止推滚针轴承。

注意:有2种不同厚度的止推滚针轴承可供选择。棕色止推滚针轴承厚度为2.5mm;黑色止推滚针轴承厚度为2.8mm。

③从自动变速器后盖上拆下11个螺栓。

(51)安装自动变速器壳衬垫(图3-85)。将4个新衬垫安装至自动变速器壳。

(52)安装自动变速器后盖总成。

①如图3-173所示,在自动变速器壳上涂抹密封胶。密封胶:丰田原厂密封胶1281、THREE BOND1281或同等产品。

②见图3-84,用11个螺栓安装自动变速器后盖,拧紧力矩:25N·m。

(53)安装前进挡离合器毂分总成(图3-83)。将前进挡离合器毂分总成安装至自动变速器壳。

(54)安装前进挡离合器毂止推滚针轴承。如图3-174所示,将轴承安装至前进挡离合器毂。

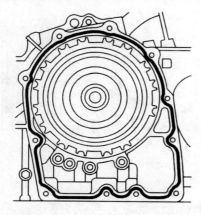
图3-173 自动变速器的装配(三十八)

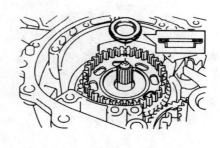
图3-174 自动变速器的装配(三十九)

(55)安装定子轴止推滚针轴承。如图3-175所示,将轴承安装至输入轴总成。

(56)安装输入轴总成(图3-79)。将输入轴总成安装至自动变速器壳。

(57)安装超速挡制动器衬垫(图3-78)。将2个新衬垫安装至自动变速器壳。

(58)安装差速器齿轮总成(图3-77)。将差速器齿轮总成安装至自动变速器壳。

(59)安装油泵总成(图3-76)。用7个螺栓安装油泵,拧紧力矩:22N·m。

(60)检查输入轴总成。如图3-176所示,确保输入轴转动平稳。

(61)检查输入轴轴向间隙(图3-75)。测量轴向间隙。轴向间隙:0.374~1.292mm。如果轴向间隙不符合规定,更换前进挡离合器毂止推滚针轴承和定子轴止推滚针轴承。

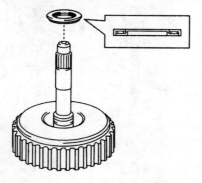
图3-175 自动变速器的装配(四十)

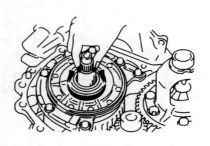
图3-176 自动变速器的装配(四十一)

（62）安装自动变速器外壳。

①如图3-177所示,在自动变速器壳上涂抹密封胶。密封胶:丰田原厂密封胶1281、THREE BOND1281或同等产品。

②见图3-137,用14个螺栓安装自动变速器外壳。螺栓A拧紧力矩为29N·m;螺栓B拧紧力矩为22N·m。

（63）安装C-2蓄压器活塞。

①见图3-73,在2个新O形圈上涂ATF,并将其安装至C-2蓄压器活塞。注意:切勿损坏O形圈。

②如图3-178所示,安装弹簧和C-2蓄压器活塞。

注意:C-2蓄压器活塞弹簧自由长度为66.90mm,外径为17.20mm。

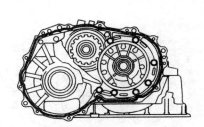

图3-177　自动变速器的装配（四十二）　　图3-178　自动变速器的装配（四十三）

（64）安装C-3蓄压器活塞。

①见图3-71,在2个新O形圈上涂ATF,并将其安装至C-3蓄压器活塞。注意:切勿损坏O形圈。

②如图3-179所示,安装弹簧和C-3蓄压器活塞。注意:C-3蓄压器活塞弹簧自由长度为87.30mm,外径为18.70mm,颜色为橙色。

（65）安装B-2蓄压器活塞。

①见图3-69,在2个新O形圈上涂ATF,并将其安装至B-2蓄压器活塞。注意:切勿损坏O形圈。

②如图3-180所示,安装弹簧和B-2蓄压器活塞。

注意:B-2蓄压器活塞弹簧自由长度为66.90mm,外径为15.50mm,颜色为白色。

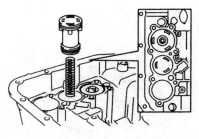
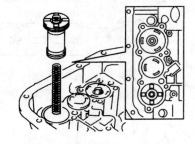

图3-179　自动变速器的装配（四十四）　　图3-180　自动变速器的装配（四十五）

（66）安装球式单向阀体。如图3-181所示,安装弹簧和球式单向阀体。

（67）安装制动鼓衬垫（图3-66）。安装新的制动鼓衬垫。

(68)安装自动变速器壳衬垫(图3-65)。在新的自动变速器壳衬垫上涂 ATF,然后将其安装至自动变速器壳。

(69)安装自动变速器壳二挡制动器衬垫(图3-64)。在新的自动变速器壳二挡制动器衬垫上涂 ATF,然后将其安装至自动变速器壳。

(70)安装变速器线束。

①见图3-63,在新 O 形圈上涂 ATF,然后将其安装至变速器线束。

②如图3-182 所示,将变速器线束插入自动变速器。

③见图3-62,用螺栓安装变速器线束,拧紧力矩:5.4N·m。

(71)安装变速器阀体总成。

①使手动阀凹槽对准手动阀杆销。

②如图3-183 所示,用 13 个螺栓暂时安装阀体。螺栓 A 长度为 32mm;螺栓 B 长度为 22mm;螺栓 C 长度为 55mm;螺栓 D 长度为 45mm。

③如图3-184 所示,用 2 个螺栓暂时安装锁止弹簧和锁止弹簧盖。螺栓 A 长度为 14mm;螺栓 B 长度为 45mm。

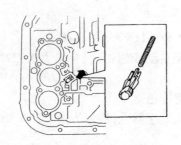

图3-181　自动变速器的装配(四十六)

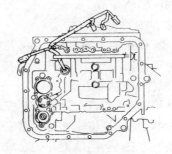

图3-182　自动变速器的装配(四十七)

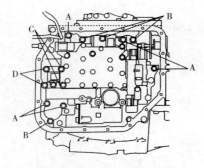

图3-183　自动变速器的装配(四十八)

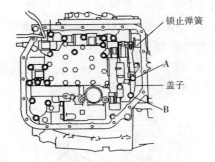

图3-184　自动变速器的装配(四十九)

④检查并确认手动阀杆接触到锁止弹簧顶部滚柱的中心部分。

⑤拧紧这 15 个螺栓,拧紧力矩:11N·m。

⑥见图3-59,连接 5 个电磁阀连接器。

⑦用锁止板和螺栓安装 ATF 温度传感器,拧紧力矩:11N·m。螺栓长度:55mm。

(72)安装阀体滤油网总成。

①见图3-58,在新 O 形圈上涂 ATF,并将其安装至滤油网。

②见图3-57,用3个螺栓将阀体滤油网总成安装至自动变速器,拧紧力矩:11N·m。
(73)安装自动变速器油底壳分总成。
①见图3-56,将2块磁铁安装到油底壳上。
②将新油底壳衬垫安装到油底壳上。
③如图3-185所示,用19个螺栓安装油底壳,拧紧力矩:7.8N·m。

(74)安装通气塞。将通气塞安装至自动变速器壳。

(75)安装通气塞软管(图3-53)。将通气塞软管安装至通气塞。

(76)安装自动变速器壳1号塞。
①在5个新O形圈上涂ATF,并将其安装至5个自动变速器壳1号塞。
②见图3-51,将4个自动变速器壳1号塞安装至变速器外壳和自动变速器壳,拧紧力矩:7.4N·m。
③见图3-52,将自动变速器壳1号塞安装至自动变速器壳,拧紧力矩:7.4N·m。

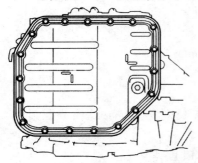

图3-185 自动变速器的装配(五十)

(77)安装ATF冷却器管接头。
①在2个新O形圈上涂ATF,并将其安装至2个ATF冷却器管接头。
②见图3-50,将2个ATF冷却器管接头安装至自动变速器壳,拧紧力矩:27N·m。
(78)安装转速传感器。
①在新O形圈上涂ATF,然后将其安装至转速传感器。
②见图3-49,用螺栓将转速传感器安装至自动变速器壳,拧紧力矩:5.4N·m。
(79)安装驻车挡/空挡位置开关总成。
①将驻车挡/空挡位置开关总成安装至自动变速器。
②如图3-186所示,暂时安装2个螺栓。
③换上新的锁止板,并拧紧手动阀轴螺母,拧紧力矩:6.9N·m。
④暂时安装控制杆。
⑤如图3-187所示,逆时针转动控制杆直到其停止,然后顺时针转动2个槽口。
⑥拆下控制杆。

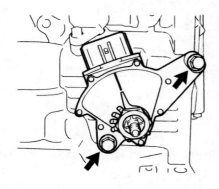

图3-186 自动变速器的装配(五十一)

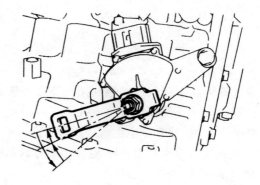

图3-187 自动变速器的装配(五十二)

⑦如图3-188所示,将凹槽与空挡基线对准。
⑧将开关固定到位,然后拧紧2个螺栓,拧紧力矩:5.4N·m。
⑨如图3-189所示,使用螺丝刀,用锁止板锁紧螺母。

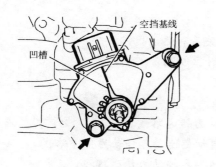
图3-188 自动变速器的装配(五十三)

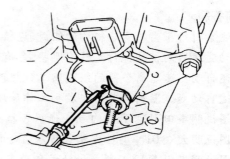
图3-189 自动变速器的装配(五十四)

⑩见图3-46,用螺母和垫圈安装控制杆,拧紧力矩:13N·m。
(80)安装速度表从动齿轮孔盖分总成。
①在新O形圈上涂ATF,然后将其安装至速度表从动齿轮孔盖分总成。
②见图3-45,将速度表从动齿轮孔盖分总成安装至自动变速器外壳,拧紧力矩:7.0N·m。

小结

1. 自动变速器的齿轮变速机构主要形式有行星齿轮变速机构和平行轴齿轮变速机构,目前,绝大多数自动变速器多采用行星齿轮变速机构与液力变矩器配合使用。按行星齿轮变速机构结构形式的不同,又可分为辛普森式行星齿轮自动变速器和拉威娜式行星齿轮自动变速器。

2. 单排行星齿轮变速机构主要由一个太阳轮(又称为中心轮)、一个带有若干个行星轮的行星架和一个齿圈组成。通过对不同的元件进行约束和限制,可以得到不同的动力传动方式。

3. 行星齿轮自动变速器的换挡执行元件包括离合器、制动器和单向离合器。离合器和制动器以液压方式控制行星齿轮变速机构元件的旋转。

4. 换挡执行元件离合器具有连接轴和行星齿轮变速机构中的元件或是连接行星齿轮变速机构中的不同元件之功用。离合器主要由离合器鼓、花键毂、活塞、主动摩擦片、从动钢片、复位弹簧等组成。

5. 换挡执行元件制动器具有固定行星齿轮变速机构中的元件,防止其转动之功用。制动器有片式和带式两种形式。

6. 丰田卡罗拉乘用车配备的U341E型自动变速器,其齿轮变速机构采用了CR-CR式行星齿轮变速机构,即将两组单行星排的行星架C(planet carrier)和齿圈R(gearring)分别组配。桑塔纳2000乘用车配备的自动变速器为01N型拉威娜式行星齿轮变速机构。广州本田雅阁乘用车MAXA自动变速器采用了平行轴式齿轮变速机构。

复习思考题

一、简答题

1. 简述单排行星齿轮变速机构的组成、连接关系和运动规律。
2. 自动变速器的换挡执行元件有哪些,各有什么功用?
3. 简述自动变速器离合器的组成及工作原理。
4. 简述自动变速器制动器的组成和工作原理。
5. 按图说明丰田 U341E 型自动变速器各挡动力传递路线。
6. 按图说明大众 01N 型拉威娜式行星齿轮自动变速器各挡动力传递路线。
7. 按图说明本田 MAXA 型平行轴式自动变速器各挡动力传递路线。

二、选择题

1. 在单排行星齿轮变速机构中,固定齿圈,如果将太阳轮作为主动件,行星架为从动件,得到的传动比(　　)。

    A. 小于1　　　　　　B. 大于1　　　　　　C. 等于1

2. 在自动变速器的行星齿轮变速机构中,只有当(　　)时,才能获得倒挡。

    A. 行星架制动,齿圈主动　　　　　　B. 太阳齿轮主动,行星架制动

    C. 齿圈制动,太阳齿轮主动

3. 在单排行星齿轮变速机构中,固定太阳轮,如果将齿圈作为主动件,行星架为从动件,得到的是(　　)。

    A. 升挡降矩　　　　　B. 降挡降矩　　　　　C. 降挡增矩

4. 自动变速器中离合器的作用是(　　)。

    A. 连接　　　　　　　B. 固定　　　　　　　C. 锁止

5. 下面(　　)使用一组摩擦片和钢片压在一起使离合器接合。

    A. 变速器制动带　　　B. 单向离合器　　　　C. 多片式离合器

6. 自动变速器中制动器的作用(　　)。

    A. 连接　　　　　　　B. 固定　　　　　　　C. 锁止

7. 辛普森式行星齿轮变速机构的特点包括:采用两组行星齿轮排和(　　)。

    A. 共用一个齿圈　　　B. 共用一个太阳轮　　C. 共用一个行星架

8. 在拉威娜式行星齿轮变速机构中,形成倒挡的条件是(　　)。

    A. 太阳齿轮被锁止　　B. 齿圈被固定　　　　C. 行星架被锁止

9. 广州本田雅阁乘用车其自动变速器使用的是(　　)。

    A. 拉威娜式行星齿轮自动变速器　　　　B. 辛普森式行星齿轮自动变速器

    C. 平行轴式自动变速器

三、判断题

1. 行星齿轮变速机构使用太阳轮、行星齿轮和行星架以及齿圈产生不同的速比。

(　　)

2. 当行星齿轮变速机构中的太阳轮、齿圈或行星架都不被锁止时,则会形成空挡。
( )
3. 由于单排行星齿轮变速机构有两个自由度,故没有固定的传动比,不能直接用于变速传动。
( )
4. 在自动变速器的行星齿轮变速机构中,太阳轮、齿圈和行星齿轮三者的旋转轴线是重合的。
( )
5. 行星齿轮变速机构用于在变速器内产生不同的挡位。 ( )
6. 由于行星齿轮变速机构处于常啮合状态,故动力传输不会产生齿轮间冲击。( )
7. 自动变速器中,齿轮变速机构的换挡离合器是装于转动轴上的。 ( )
8. 自动变速器中制动器的作用是把行星齿轮变速机构中的某两个元件连接起来,形成一个整体共同旋转。
( )
9. 有两种形式的制动器用于锁定行星齿轮变速机构中的某一元件,包括多片式制动器和带式制动器。
( )
10. 自动变速器的带式制动器中,其制动鼓与制动带的间隙,都是通过制动带上的调整螺栓进行调整的。
( )
11. 在自动变速器内,制动带的转鼓一定是与行星齿轮变速机构中某一个元件成刚性连接的。
( )
12. 采用辛普森行星齿轮变速机构的自动变速器,其结构特点是前后行星架组成一体。
( )
13. 在一般的自动变速器中,一组共用太阳轮的辛普森行星齿轮变速机构,可提供两个前进挡和一个倒挡。
( )
14. 采用辛普森式行星齿轮变速机构的自动变速器,共用太阳齿轮,实现 D_1 挡需双行星排工作。
( )
15. 采用拉威娜式行星齿轮变速机构的自动变速器,D_1 挡只有单行星排运作。 ( )
16. 目前生产的本田雅阁乘用车采用的是辛普森式行星齿轮自动变速器。 ( )

第四章 自动变速器液压控制系统的构造与维修

1. 掌握液压控制系统的基本组成;
2. 掌握液压控制系统各主要部件的结构特点和工作原理;
3. 熟悉液压控制系统主要部件的维修方法。

第一节 液压控制系统的构造与工作原理

一、液压控制系统的基本组成

液压控制系统的基本组成包括动力源、执行机构和控制机构三大部分。

(1) 动力源。液压控制系统的动力源是油泵(又称液压泵),它是整个液压控制系统的工作基础。如各种阀体的动作、换挡执行元件的工作等都需要一定压力的 ATF。油泵的基本功用就是提供满足需求的 ATF 油量和油压。

(2) 执行机构。执行机构主要由离合器油缸、制动器油缸等组成,其功用是在控制油压的作用下实现离合器的接合和分离、制动器的制动和松开动作,以便得到相应的挡位。

(3) 控制机构。控制机构包括阀体和各种阀,包括主油路调压阀、手动阀、换挡阀等。

液压控制系统还包括一些辅助装置,如用于防止换挡冲击的蓄能器、止回阀等。

二、液压控制系统主要元件

1. 油泵

(1) 功用。油泵的功用是产生一定压力和流量的 ATF,供给液力变矩器、液压控制系统和换挡执行元件。

(2) 结构和工作原理。油泵是液压控制系统的动力源,一般位于液力变矩器和行星齿轮变速机构之间,由液力变矩器泵轮驱动。油泵类型主要有齿轮泵、转子泵和叶片泵,如图 4-1 所示。三种泵的共同特点是:内部元件(转子)由液力变矩器花键毂或驱动轴驱动,外部元件与内部元件之间有一定的偏心距。

内啮合齿轮泵主要由主动齿轮、从动齿轮、月牙板、壳体等组成,其结构和工作原理如图 4-2 所示。主动齿轮为外齿轮,从动齿轮为内齿轮,在壳体上有一个月牙板,把主、从动齿轮不啮合的部分隔开,并形成两个工作腔,分别为进油腔和出油腔。进油腔与泵体上的进油口相通,出油腔与泵体上的出油口相通。主动齿轮内颈上有两个对称的凸键,与液力变矩器后端油泵驱动毂的键槽或平面相配合。因此,只要发动机转动,油泵便转动并开始供油。

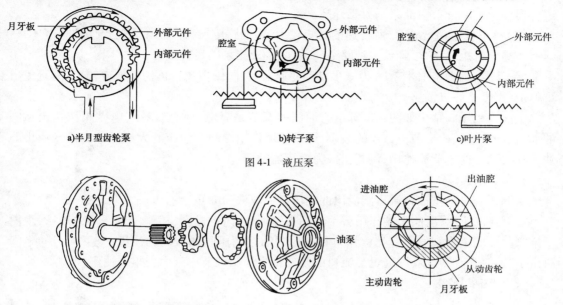

a) 半月型齿轮泵　　　　b) 转子泵　　　　c) 叶片泵

图 4-1　液压泵

图 4-2　内啮合齿轮泵的结构和工作原理

油泵在工作过程中,主动齿轮带动从动齿轮转动,在齿轮脱离啮合的一端(进油腔),容积不断变大,产生真空吸力,把 ATF 从油底壳经滤网吸入油泵。在齿轮进入啮合的一端(出油腔),容积不断减小,油压升高,把 ATF 从出油腔挤压出去。这样,油泵不断地运转,就形成了具有一定压力的油液,供给自动变速器工作。

这种油泵要求具有严格的加工制造精度。因为齿轮之间、齿轮与泵体之间,过大的磨损和间隙会导致油泵的性能下降、油压过低,而油压对于自动变速器的正常工作是非常重要的。

油泵使用应注意以下事项:

①发动机不工作,油泵不转,自动变速器无油压,即使在 D 位和 R 位,也不能靠推车起动发动机。

②长距离拖车时,由于发动机不转,油泵也不转,齿轮系统没有润滑油,磨损会加剧,因此要求车速慢、距离短。如丰田车系要求拖车车速不高于 30km/h,距离不超过 80km;奔驰车系要求拖车车速不高于 50km/h,距离不超过 50km。

③变速器齿轮系统有故障或严重漏油时,牵引车辆应将传动轴脱开。对于前轮驱动的汽车,应将前轮悬空牵引。

2. 主油路调压阀

液压油从液压泵输出后,即进入主油路系统,液压泵是由发动机直接驱动的,输出流量和压力均受发动机运转状况的影响,变化很大。当主油路压力过高时,会引起换挡冲击和增加功率消耗;而主油路压力过低时,又会使离合器、制动器等执行元件打滑,因此在主油路系统中必须设置主油路调压阀,其作用是将液压泵输出压力精确调节到所需值后再输入主油

路,以满足主油路系统在不同工况、不同挡位时,具有不同油压的要求:

(1)节气门开度较小时,自动变速器所传递的转矩较小,执行机构中的离合器、制动器不易打滑,主油路压力可以降低。而当发动机节气门开度较大时,因传递的转矩增大,为防止离合器、制动器打滑,主油路压力要升高。

(2)汽车低速挡行驶时,所传递的转矩较大,主油路压力高。而在高速挡行驶时,自动变速器传递的转矩较小,可降低主油路油压,以减少液压泵的运转阻力。

(3)倒挡的使用时间较少,为减小自动变速器尺寸,倒挡执行机构被做得较小,为避免出现打滑,需提高操纵油压。

主油路调压阀结构如图 4-3 所示。油压的调节是靠电子控制调压,电磁阀调整出不同的油压值,使滑阀改变节流口 a 的大小,通过节流作用控制主油压的大小。节流口 b 泄出的油压经次调压阀的节流作用,调整出液力变矩器油压。

3. 次调压阀

次调压阀是把主油路调压阀泄出的油压调节成液力变矩器油压。

如图 4-4 所示,滑阀上端作用着手动阀来的油压,向下推阀,还作用着一个主油压,也向下推阀。而向上推阀的力有弹簧弹力和来自主油路调压阀调节后的油压,上下两力的平衡决定了节流口 a 的开度,即通过节流口的开度将主油压调节成液力变矩器油压。

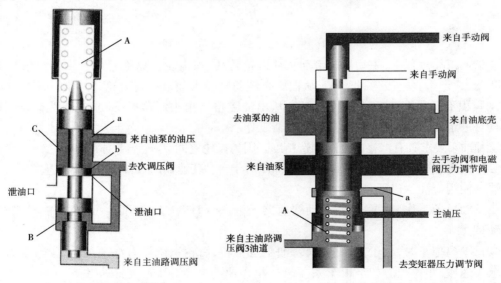

图 4-3 主油路调压阀的结构　　图 4-4 次调压阀

4. 手动阀

手动阀又称为手控阀或手动换挡阀,与驾驶室内的换挡杆相连,其功用是控制各挡位油路的转换。如图 4-5 所示,当驾驶员操纵换挡杆时,手动阀会移动,使主油压通往不同的油道。如当换挡杆置于"P"位时,主油压会通往"P"、"R"和"L"位油道;当换挡杆置于"R"位时,主油压会同时通往"P"、"R"和"L"位油道与"R"位油道;当换挡杆置于"N"位时,手动阀会将主油压进油道切断,便不会有主油压通往各换挡阀;当换挡杆置于"D"位时,主油压会通往"D"、"2"和"L"位油道;当换挡杆置于"2"位时,主油压会同时通往"D"、"2"和"L"位油道与"2"和"L"位油道；当换挡杆置于"L"位时，主油压会同时通往"D"、"2"和"L"位油道与"2"和"L"位油道及"P"、"R"和"L"位油道。

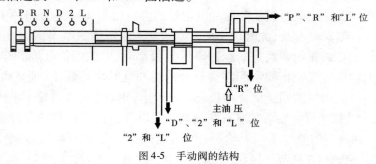

图 4-5 手动阀的结构

5. 换挡阀

电控自动变速器换挡阀的工作由换挡电磁阀控制，其控制方式有两种：一种是加压控制，即通过开启或关闭换挡阀控制油路进油孔来控制换挡阀的工作；另一种是泄压控制，即通过开启或关闭换挡阀控制油路泄油孔来控制换挡阀的工作。加压控制方式的工作原理如图4-6所示，压力油经换挡电磁阀后通至换挡阀的左端。当换挡电磁阀关闭时，没有油压作用在换挡阀左端，换挡阀在右端弹簧力的作用下移向左端，如图4-6a）；当换挡电磁阀开启时，压力油作用在换挡阀左端，使换挡阀克服弹簧力右移，如图4-6b），从而改变油路，实现挡位变换。

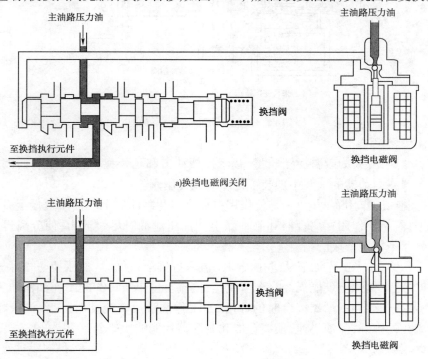

图 4-6 换挡阀工作原理

6. 锁止离合器控制阀

目前在一些新型电控自动变速器上，锁止电磁阀采用脉冲式电磁阀（图4-7），ECU可利用脉冲电信号占空比大小来调节锁止电磁阀的开度,以控制作用在锁止离合器控制阀右端的油压,由此调节锁止离合器控制阀左移时排油孔的开度,从而控制锁止离合器活塞右侧油压的大小。当作用在锁止电磁阀上的脉冲电信号的占空比为0时,电磁阀关闭,没有油压作用在锁止离合器控制阀的右端,此时锁止离合器活塞左右两侧的油压相同,锁止离合器处于分离状态。当作用在锁止电磁阀上的脉冲电信号较小时,电磁阀的开度和作用在锁止离合器控制阀右端的油压以及锁止控制阀左移打开的排油孔开度均较小,锁止离合器活塞左右两侧油压差以及由此产生的锁止离合器接合力也较小,使锁止离合器处于半接合状态。脉冲信号的占空比越大,锁止离合器活塞左右两侧油压差以及锁止离合器接合力也越大。当脉冲信号的占空比达到一定数值时,锁止离合器即可完全接合。这样,ECU 在控制锁止离合器接合时,可以通过锁止电磁阀来调节其接合速度,让接合力逐渐增大,使接合过程更加柔和。

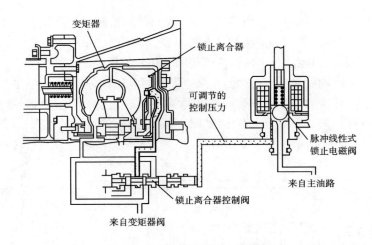

图 4-7 锁止离合器控制阀工作原理

7. 节流控制阀

在自动变速器内,为改善换挡质量,减轻换挡冲击和延长离合器及制动器的使用寿命,在通往离合器或制动器的油路中加装了许多节流控制阀。

节流控制阀的作用有两个,一是使作用在离合器和制动器上的油压缓慢上升,以减轻接合时的冲击;二是使作用在离合器和制动器上的油压泄油时尽快泄出,使分离迅速彻底,防止摩擦片分离不彻底造成磨损。

如图 4-8 所示,当工作油液从进排液口①流入进排液口②时,油压使防松球压靠在一个节流孔上,因此工作油液仅能流经一个节流孔,使流至进排液口②的工作油液压力上升比较缓慢,减小了离合器和制动器接合时的冲击;当工作油液反转流动时,工作油液将防松球从受阻的节流孔处推开,泄油迅速,使离合器和制动器片能够快速分离。

8. 储能减振器

储能减振器通常用于防止离合器和制动器在接合时的冲击。

如图 4-9 所示,油压从进排液口①将活塞 A 推至右端,同时将活塞 B 向下推。用此方式可减小活塞 A 上的油压冲击,防止离合器或制动器片快速接合时引起冲击;推下活塞 B 压缩弹簧时又储存了能量。

第四章 自动变速器液压控制系统的构造与维修

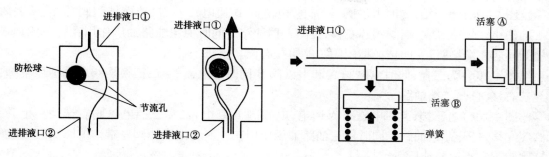

图 4-8 节流控制阀的结构与工作原理　　　图 4-9 储能减振器的结构与工作原理

三、液压控制系统的工作原理

目前,大部分电子控制自动变速器采用有两个电磁阀操纵三个换挡阀实现四个挡位的变换。电控自动变速器换挡液压系统原理如图 4-10 所示。它采用泄压控制方式。由图中可知,一~二挡换挡阀和三~四挡换挡阀由电磁阀 A 控制,二~三挡换挡阀由电磁阀 B 控制。电磁阀不通电时关闭泄油孔,来自手动阀的主油路压力油通过节流孔后作用在各换挡阀右端,使阀芯克服弹簧力左移。电磁阀通电时泄油孔开启,换挡阀右端压力油被泄空,阀芯在左端弹簧力的作用下右移。

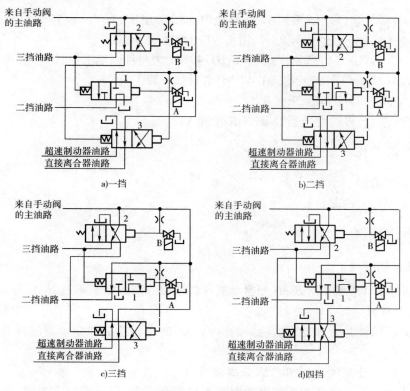

图 4-10 电控自动变速器换挡液压系统原理
A-换挡电磁阀 A;B-换挡电磁阀 B;
1-一~二挡换挡阀;2-二~三挡换挡阀;3-三~四挡换挡阀

图 4-10a)为一挡,此时电磁阀 A 断电,电磁阀 B 通电,一～二挡换挡阀阀芯左移,关闭二挡油路;二～三挡换挡阀阀芯右移,关闭三挡油路。同时使主油路油压作用在三～四挡换挡阀阀芯左端,使三～四挡换挡阀阀芯停留在右位。

图 4-10b)为二挡,此时电磁阀 A 和电磁阀 B 同时通电,一～二挡换挡阀右端油压下降,阀芯右移,打开二挡油路。

图 4-10c)为三挡,此时电磁阀 A 通电,电磁阀 B 断电,二～三挡电磁阀右端油压上升,阀芯左移,打开三挡油路。同时使主油路油压作用在一～二挡换挡阀左端,并让三～四挡换挡阀阀芯左端控制油压泄空。

图 4-10d)为四挡,此时电磁阀 A 和电磁阀 B 均不通电,三～四挡换挡阀阀芯右端控制压力上升,阀芯左移,关闭直接离合器油路,接通超速制动器油路,由于一～二挡换挡阀阀芯左端作用着主油路油压,虽然右端有压力油作用,但阀芯仍然保持在右端不能左移。

第二节 液压控制系统的维修

一、实训器材

(1)车辆:科鲁兹(1.6L)乘用车,科鲁兹(1.6L)乘用车的 6T30 型自动变速器。
(2)普通工具:组合扳手、螺丝刀、钳子、扭力扳手。
(3)专用工具:GE 34673 水平仪表杆、DT-49131 密封件固定工具、DT-48270 密封件安装工具、DT-49131 密封件固定工具、DT-47791 密封件安装工具。
(4)检测工具:游标卡尺、千分尺。
(5)其他:油盆、自动变速器油 DEXRON Ⓡ VI。

二、准备工作

(1)将工位清理干净。
(2)准备好相关的器材。

三、操作步骤

(一)油泵的维修

科鲁兹(1.6L)乘用车的 6T30 型自动变速器油泵分解图如图 4-11 所示。

1. 油泵的拆解

(1)ATF 滤清器总成和变矩器油封的拆解。油滤清器总成和变矩器油封的拆解可参照图 4-12 所示进行。

注意:将 ATF 滤清器旋转 90°,以分离锁紧凸舌。

(2)油泵的拆解。油泵的拆解可参照图 4-13 所示进行,并注意以下事项:

①油泵盖侧有 3 个螺栓,油泵体侧有 20 个螺栓。
②阀门弹簧可能压缩得很紧,拆下固定件和螺塞时必须小心,否则可能会导致人身伤害。

第四章 自动变速器液压控制系统的构造与维修

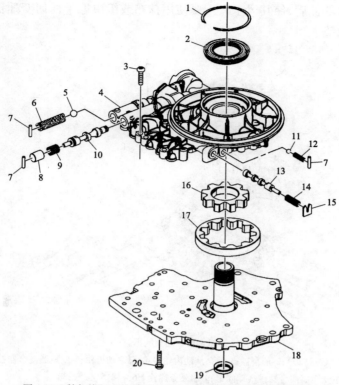

图 4-11 科鲁兹(1.6L)乘用车的 6T30 型自动变速器油泵分解图
1-变矩器油封固定件;2-变矩器油封总成;3-自动变速器油泵盖螺栓;4-自动变速器油泵体;5-泵排气球阀;6-泵排气阀弹簧;7-压力调节阀孔塞固定件;8-压力调节阀孔塞;9-压力调节阀弹簧;10-压力调节阀;11-变矩器离合器排气球阀;12-变矩器离合器排气球阀弹簧;13-变矩器离合器控制阀;14-变矩器离合器控制阀弹簧;15-变矩器离合器控制气门弹簧座;16-自动变速器油泵主动齿轮;17-自动变速器油泵从动齿轮;18-自动变速器油泵盖总成;19-变矩器油封总成;20-自动变速器油泵盖螺栓

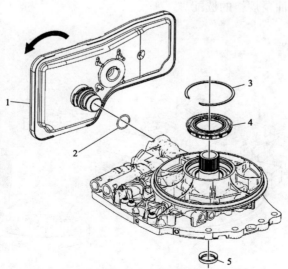

图 4-12 ATF 滤清器总成和变矩器油封的拆解
1-ATF 滤清器总成;2-ATF 滤清器密封件;3-变矩器油封固定件;4-变矩器油封;5-变矩器油封总成

101

③清洗变速器部件后,使其风干。不要使用抹布或纸巾擦干任何变速器部件,抹布上的绒头会导致部件故障。

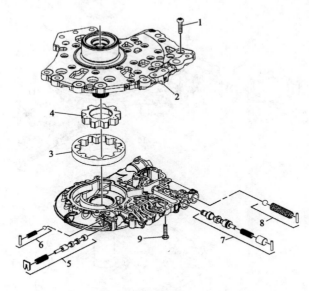

图 4-13 油泵的拆解

1-油泵盖螺栓 M6×21.5(数量:20);2-油泵盖;3-油泵从动齿轮;4-油泵主动齿轮;5-变矩器离合器控制阀组;6-油泵排气球阀组;7-压力调节阀组;8-变矩器离合器排气球阀组;9-油泵盖螺栓 M6×18.5(数量:3)

④切勿重复使用清洗溶剂。用过的清洗溶剂有粉末沉淀物,会损坏部件。

⑤清洁并检查所有阀体部件和泵体是否磨损和/或损坏,视情修理或更换。

2. 油泵规格的选配

如图 4-14 所示,用游标卡尺测量 GE 34673 水平仪表杆底部到油泵转子腔底部之间的距离,并根据表 4-1 进行油泵规格的选配。

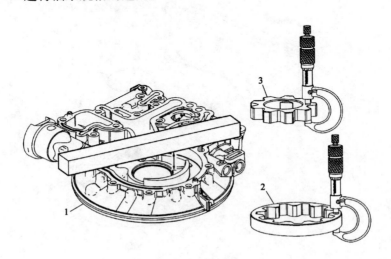

图 4-14 油泵规格的选配

1-自动变速器油泵体;2-自动变速器油泵从动齿轮;3-自动变速器油泵主动齿轮

油泵规格的选配   表4-1

油泵体齿槽深度(mm)	油泵齿轮厚度(mm)
12.617~12.625	12.580~12.588
12.626~12.636	12.589~12.599
12.637~12.645	12.600~12.608

3. 油泵的装配

(1) 带阀组的油泵的装配。带阀组的油泵的装配可参照图4-15所示进行,并注意以下事项:

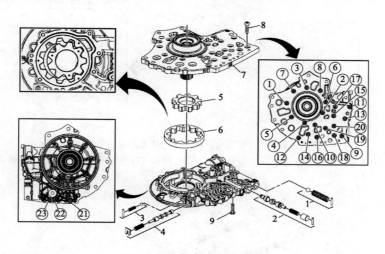

图4-15 带阀组的油泵的装配

1-变矩器离合器排气球阀组;2-压力调节阀组;3-油泵排气球阀组;4-变矩器离合器控制阀组;5-油泵主动齿轮;6-油泵从动齿轮;7-油泵盖;8-油泵盖螺栓M6×21.5(数量:20,拧紧力矩为12N·m);9-油泵盖螺栓M6×18.5(数量:3,拧紧力矩为12N·m)

① 主动齿轮齿上的倒角朝向泵体。

② 从动齿轮外径上的倒角朝向泵体。

③ 所有紧固件应遵守"紧固件告诫"。"紧固件告诫"内容为:请在正确的位置使用正确的紧固件。替换紧固件的零件号必须正确。除非另有说明,否则不得在紧固件或紧固件连接表面使用油漆、润滑剂或防蚀剂,这些涂层会影响紧固件的拧紧力矩和夹紧力并会损坏紧固件。安装紧固件时,务必使用正确的紧固顺序和紧固规格,以避免损坏零件和系统。使用直接装入塑料的紧固件时,务必小心不要剥去配套的塑料零件。只能使用手动工具,切勿使用任何冲击工具或电动工具。紧固件应该手动紧固,完全就位且不能脱落。

(2) 变矩器油封和ATF滤清器总成的装配。变矩器油封和ATF滤清器总成的装配可参照图4-16所示进行,并注意以下事项:

① 使用DT-49131密封件固定工具将油封总成1固定到位,确保密封件正确紧固。使用DT-48270密封件安装工具、DT-49131密封件固定工具安装变矩器油封总成1。

② 使用DT-47791密封件安装工具安装变矩器油封2。

③ 将滤清器旋转90°,使锁紧凸舌接合。

(二)控制阀体总成的维修

科鲁兹(1.6L)乘用车的6T30型自动变速器控制阀体总成分解图如图4-17所示。

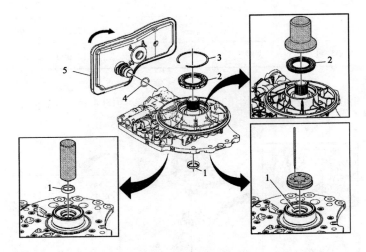

图4-16 变矩器油封和ATF滤清器总成的装配
1-变矩器油封总成;2-变矩器油封;3-变矩器油封固定件;4-ATF滤清器密封件;5-ATF滤清器总成

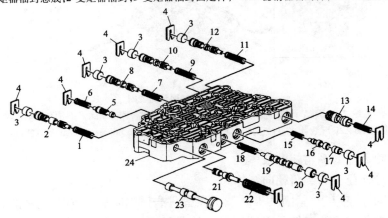

图4-17 科鲁兹(1.6L)乘用车的6T30型自动变速器控制阀体总成分解图
1-倒挡和4、5、6挡离合器调节弹簧;2-倒挡和4、5、6挡离合器调节阀;3-离合器阀孔塞;4-气门弹簧座;5-1、2、3、4挡离合器助力阀;6-1、2、3、4挡离合器助力阀弹簧;7-1、2、3、4挡离合器调节阀弹簧;8-1、2、3、4挡离合器调节阀;9-2、6挡离合器调节阀弹簧;10-2、6挡离合器调节阀;11-3、5挡、倒挡离合器调节阀弹簧;12-3、5挡、倒挡离合器调节阀;13-离合器活塞挡板进油调节阀;14-离合器活塞挡板进油调节阀弹簧;15-变矩器离合器调节器接合阀弹簧;16-变矩器离合器调节器接合阀;17-变矩器离合器调节器接合双向阀;18-离合器选择阀弹簧;19-离合器选择阀;20-默认超控双向阀;21-执行器进油量限制阀;22-执行器进油量限制阀弹簧;23-手动阀;24-控制阀体总成

1. 控制阀体总成的拆卸

(1)控制阀体盖的拆卸。控制阀体盖的拆卸可参照图4-18所示进行,并注意以下事项:
①报废的密封件(如控制阀体衬垫),不可再次使用。
②拆下控制阀体盖线束连接器孔密封件时,支撑连接器附近的控制电磁阀总成,拉力过大会损坏内部电气连接。报废密封件(如控制阀体盖线束连接器孔密封件),不可再次使用。

（2）控制电磁阀（带阀体和变速器控制模块）总成的拆卸。控制电磁阀（带阀体和变速器控制模块）总成的拆卸可参照图4-19所示进行，并注意以下事项：

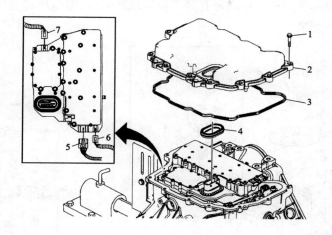

图4-18 控制阀体盖的拆卸
1-控制阀体盖螺栓 M6×30（数量：13）；2-控制阀体盖；3-控制阀体衬垫；4-控制阀体盖线束连接器孔密封件；5-换挡位置开关连接器；6-输出轴转速传感器连接器；7-输入轴转速传感器连接器

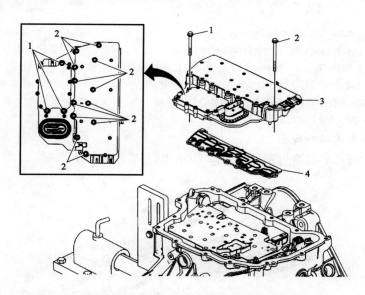

图4-19 控制电磁阀（带阀体和变速器控制模块）总成的拆卸
1-控制阀体 M5×40.5（数量：3）；2-控制阀体螺栓 M6×30（数量：12）；3-控制电磁阀（带阀体和变速器控制模块）总成；4-控制电磁阀总成过滤板

①在拆卸或安装控制电磁阀总成过滤板时要小心。破损或缺失的固定凸舌不能完全将过滤板固定至控制电磁阀总成，有可能导致损坏或污染。

②报废的过滤板，不可再次使用。

（3）控制阀体总成的拆卸。控制阀体总成的拆卸可参照图4-20所示进行。

注意：报废的密封件，不可再次使用。

2. 控制阀体总成的拆解

控制阀体总成的拆解可参照图4-21所示进行。

注意：检查控制阀油路板螺栓的通孔是否损坏或凹陷；任何损坏都会导致压力开关操作不正确，必要时进行更换。

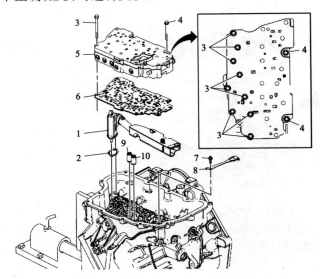

图4-20 控制阀体总成的拆卸

1-油位控制阀；2-油位控制阀衬垫；3-控制阀体螺栓M6×60（数量：9）；4-控制阀体螺栓M6×53（数量：2）；5-控制阀体总成；6-控制阀体隔板总成；7-手动轴止动杆弹簧螺栓M6×16（数量：1）；8-手动换挡轴止动杆弹簧总成；9-1、2、3、4挡离合器油道密封件；10-低速挡/倒挡离合器油道密封件

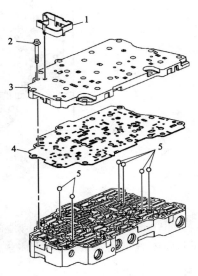

图4-21 控制阀体总成的拆解

1-控制电磁阀支架；2-控制阀体螺栓M5×40.5（数量：1）；3-控制阀油路板；4-油路板隔板总成；5-控制阀体单向球阀（数量：6）

3. 控制阀体的清洁和检查

控制阀体的清洁和检查可参照图4-22所示进行，并注意以下事项：

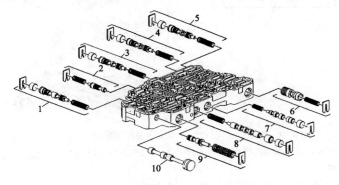

图4-22 控制阀体的清洁和检查

1-倒挡和4、5、6挡离合器调节阀组；2-1、2、3挡离合器助力阀组；3-1、2、3挡离合器调节阀组；4-2、6挡离合器调节阀组；5-3、5挡倒挡离合器调节阀组；6-离合器活塞挡板进油调节阀机构；7-变矩器离合器调节器接合阀组；8-离合器选择阀组；9-执行器进油量限制阀组；10-手动阀

（1）阀门弹簧可能压缩得很紧，拆下固定件和螺栓时必须小心，否则可能会导致人身伤害。

（2）清洗变速器部件后，使其风干。不要使用抹布或纸巾擦干任何变速器部件，抹布上的绒头会导致部件故障。

（3）切勿重复使用清洗溶剂。用过的清洗溶剂有粉末沉淀物，会损坏部件。

（4）清洁和检查所有阀部件和阀体。控制阀体总成仅作为一个总成进行更换。

4. 控制阀筒状盖板的清洁和检查

控制阀筒状盖板的清洁和检查可参照图 4-23 所示进行。注意：检查控制阀油路板螺栓的通孔是否损坏，任何损坏都可能导致泄漏，必要时进行更换。

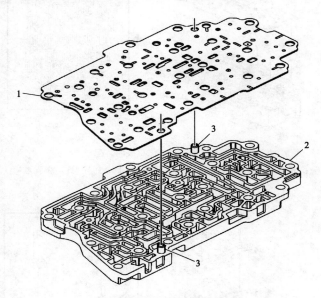

图 4-23 控制阀筒状盖板的清洁和检查
1-油路板至阀体隔板总成；2-控制阀油路板；3-控制阀体导销

5. 控制阀体总成的装配

控制阀体总成的装配可参照图 4-24 所示进行，并注意以下事项：

（1）检查控制阀油油路板螺栓的通孔是否损坏或凹陷。任何损坏都可能导致泄漏，必要时进行更换。

（2）所有紧固件应遵守"紧固件告诫"。

6. 控制阀体总成的安装

（1）控制阀体总成的安装。控制阀体总成的安装可参照图 4-25 所示进行，并注意以下事项：

①安装控制阀体总成时，应将手动阀对准手动轴杆。

②所有紧固件应遵守"紧固件告诫"。

（2）控制电磁阀（带阀体和变速器控制模块）总成的安装。控制电磁阀（带阀体和变速器控制模块）总成的安装可参照图 4-26 所示进行，并注意以下事项：

①在拆卸或安装控制电磁阀过滤板总成时要小心。破损或缺失的固定凸舌不能完全将过滤板固定至控制电磁阀总成，有可能导致损坏或污染。如破损或缺失，应安装新的过滤板，防止油液从油封处泄漏。

②所有紧固件应遵守"紧固件告诫"。

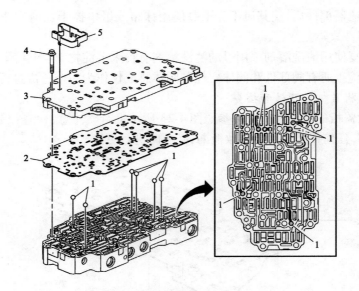

图 4-24 控制阀体总成的装配

1-控制阀体单向球阀(数量:6);2-油路板隔板总成;3-控制阀油路板;4-控制阀体螺栓 M5×40.5(数量:1,拧紧力矩为7N·m);5-控制电磁阀支架

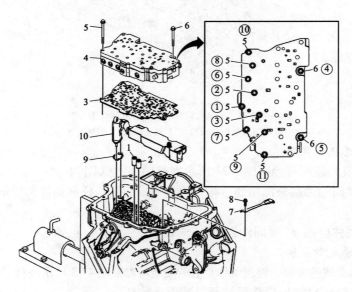

图 4-25 控制阀体总成的安装

1-低速挡和倒挡离合器油道密封件;2-1、2、3、4挡离合器油道密封件;3-控制阀体隔板总成;4-控制阀体总成;5-控制阀体螺栓 M6×60(数量:9,拧紧力矩为11N·m);6-控制阀体螺栓 M6×53(数量:2,拧紧力矩为11N·m);7-手动换挡轴止动杆弹簧总成;8-手动换挡轴止动弹簧螺栓 M6×16(数量:1,拧紧力矩为12N·m);9-油位控制阀衬垫;10-油位控制阀

（3）控制阀体盖的安装。控制阀体盖的安装可参照图4-27所示进行,并注意以下事项：

①不要重复使用控制阀体盖线束连接器孔密封件。

②不要重复使用控制阀体盖衬垫。

③所有紧固件应遵守"紧固件告诫"。

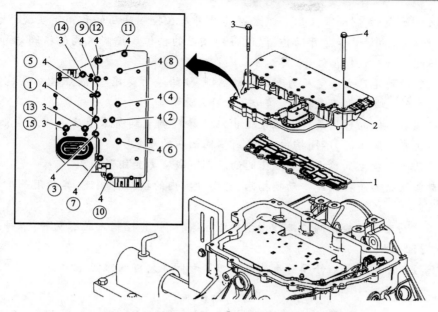

图 4-26 控制电磁阀(带阀体和变速器控制模块)总成的安装

1-控制电磁阀总成过滤板;2-控制电磁阀(带阀体和变速器控制模块)总成;3-控制阀体螺栓 M5×40.5(数量:3,拧紧力矩为7N·m);4-控制阀体螺栓 M6×97(数量:12,拧紧力矩为10N·m)

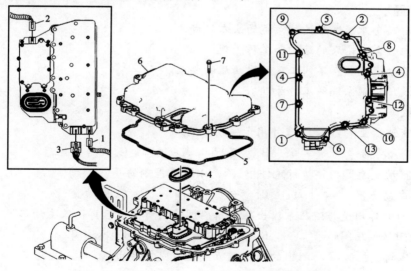

图 4-27 控制阀体盖的安装

1-输入轴转速传感器连接器;2-输出轴转速传感器连接器;3-换挡位置开关连接器;4-控制阀体盖线束连接器孔密封件;5-控制阀体盖衬垫;6-控制阀体盖;7-控制阀体盖螺栓 M6×30(数量:13,拧紧力矩为12N·m)

小结

1.自动变速器液压控制系统的基本组成包括动力源、执行机构和控制机构三大部分。液压控制系统的动力源是油泵(又称液压泵),它是整个液压控制系统的工作基础。执行机构主要由离合器油缸、制动器油缸等组成。其功用是在控制油压的作用下实现离合器的接合和分离、制动器的制动和松开动作,以便得到相应的挡位。控制机构包括阀体和各种阀,包括主调压阀、手动阀、换挡阀等。

2. 油泵的功用是产生一定压力和流量的ATF,供给液力变矩器、液压控制系统和换挡执行元件。油泵的主要类型有齿轮泵、转子泵和叶片泵。

3. 主油路调压阀的作用是将液压泵输出压力精确调节到所需值后再输入主油路,以满足主油路系统在不同工况、不同挡位时,具有不同油压的要求。

4. 次调压阀是把主油路调压阀泄出的油压调节成液力变矩器油压。

5. 手动阀又称为手控阀或手动换挡阀,与驾驶室内的换挡杆相连,其功用是控制各挡位油路的转换。

6. 电控自动变速器换挡阀的工作由换挡电磁阀控制,其控制方式有两种:一种是加压控制,另一种是泄压控制。

7. 液压控制系统主要维修项目有油泵的维修和阀体总成的维修。

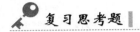
复习思考题

一、简答题

1. 简述自动变速器液压控制系统的基本组成。
2. 简述内啮合齿轮泵的结构和工作原理。
3. 简述自动变速器在不同工况时对油压的要求。
4. 简述液压控制系统的工作原理。

二、选择题

1. 自动变速器上的( )零件用于转动油泵。
   A. 行星齿轮系　　　　B. 蓄压器　　　　C. 液力变矩器

2. 下列自动变速器换挡执行元件中,不是以液压控制的是( )。
   A. 单向离合器　　　　B. 离合器　　　　C. 制动器

3. ( )的作用是将液压泵输出压力精确调节到所需值后再输入主油路。
   A. 主油路调压阀　　　B. 节气门阀　　　C. 换挡阀

4. 次调压阀是把( )泄出的油压调节成液力变矩器油压。
   A. 主油路调压阀　　　B. 节气门阀　　　C. 换挡阀

5. 对于自动变速器的手动换挡阀,正确的说法是( )。
   A. 由于换挡杆带动手动换挡阀
   B. 手动换挡阀独立存在,不在阀体中
   C. 手动换挡阀由加速踏板连动

三、判断题

1. 液压传动利用有压力的油液作为传递动力的工作介质。　　　　　　　　( )
2. 自动变速器严禁使用手动变速器齿轮油、主减速器专用油或发动机机油。( )

3. 自动变速器必须加注厂家规定的自动变速器油(ATF)。（　　）
4. 自动变速器中的内啮合式齿轮泵,其内齿轮是不旋转的。（　　）
5. 自动变速器的内啮合式齿轮泵,是靠液力变矩器的输出轴驱动的。（　　）
6. 主油路调压阀的作用是将液压泵输出压力精确调节到所需值后再输入主油路。（　　）
7. 次调压阀的作用是将液压泵输出压力精确调节到所需值后再输入主油路。（　　）
8. 次调压阀是把主油路调压阀泄出的油压调节成液力变矩器油压。（　　）
9. 满足主油路系统在不同工况、不同挡位时,具有不同油压的要求是主油路调压阀的作用。（　　）
10. 满足主油路系统在不同工况、不同挡位时,具有不同油压的要求是次调压阀的作用。（　　）
11. 节气门开度较小时,自动变速器所传递的转矩较小,执行机构中的离合器、制动器不易打滑,主油路压力可以降低。（　　）

第五章 自动变速器电子控制系统的构造与维修

1. 掌握自动变速器电子控制系统的基本组成和作用；
2. 掌握自动变速器电子控制系统主要传感器的作用和工作原理；
3. 掌握自动变速器电子控制系统主要执行器的作用和工作原理；
4. 掌握自动变速器电子控制系统电控单元的作用和工作原理；
5. 熟悉自动变速器电子控制系统主要维修项目及方法。

第一节 自动变速器电子控制系统的构造与工作原理

一、概述

自动变速器的电子控制系统包括传感器及开关、电子控制单元（ECU）和执行器三部分，其组成框图如图 5-1 所示。

传感器及开关部分主要包括节气门位置传感器、车速传感器、发动机转速传感器、输入轴转速传感器、冷却液温度传感器、ATF 温度传感器、驻车挡/空挡位置开关（又称空挡起动开关）、强制降挡开关、制动灯开关、模式选择开关、OD 开关等。

执行器部分主要包括各种电磁阀和故障指示灯等。

ECU 主要完成换挡控制、锁止离合器控制、油压控制、故障诊断和失效保护等功能。

对于液控自动变速器，自动换挡主要是取决于节气门油压和速控油压，即发动机负荷和车速的情况。对于电控自动变速器，与此情况是类似的，即自动换挡也主要取决于发动机负荷和车速，只不过是采用节气门位置传感器和车速传感器来感知发动机负荷和车速的情况，并将这两个信号发送给自动变速器 ECU，ECU 根据存储器中的换挡程序决定升挡或降挡，然后再给换挡电磁阀发出控制信号，换至相应挡位。

例如，对于丰田车系的四挡自动变速器，换挡情况见表 5-1。当自动变速器 ECU 使 1#换挡电磁阀通电，2 号换挡电磁阀断电，则自动变速器为一挡。

自动变速器的换挡等控制还要取决于冷却液温度、ATF 温度等信号。如果冷却液温度、ATF 温度过低，自动变速器不会升挡。

如果自动变速器在工作过程中，满足了锁止离合器的工作情况，自动变速器 ECU 就会给锁止离合器(TCC)电磁阀(一般称为3号电磁阀)通电,切换油路使锁止离合器工作。

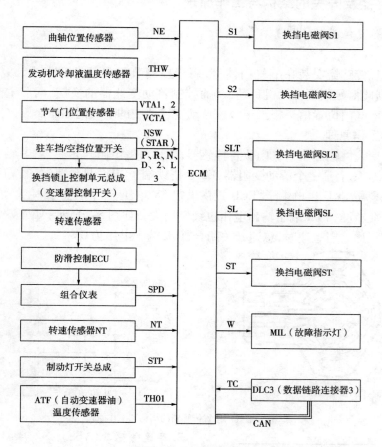

图 5-1 自动变速器电子控制系统组成框图

丰田车系的四挡自动变速器换挡情况   表 5-1

挡　位	换挡电磁阀	
	1号	2号
一挡	○	×
二挡	○	○
三挡	×	○
四挡	×	×

注:○表示通电,×表示断电。

在换挡过程中,为了防止换挡冲击,自动变速器还会通过4号电磁阀控制换挡油压。

自动变速器 ECU 具有自诊断功能,如果电子控制系统出现故障,ECU 会将故障码存储在存储器中,以便读取;另外 ECU 还会点亮 OD OFF 指示灯(或故障指示灯)提示自动变速器出现故障,并可通过 OD OFF 指示灯的闪烁读取故障码。

如果自动变速器出现故障,除了 OD OFF 指示灯等会点亮,一般自动变速器还会锁挡,即自动变速器不会升挡也不会降挡,锁挡一定有故障码。

二、传感器及开关的结构与工作原理

1. 节气门位置传感器(TPS)

1）功用

节气门位置传感器安装在节气门体上，用于检测节气门开度的大小，并将数据传送给 ECU，ECU 根据此信号判断发动机负荷，从而控制自动变速器的换挡、调节主油压和对锁止离合器控制。节气门位置信号相当于液控自动变速器中的节气门油压。

2）结构和工作原理

一般是采用线性输出型节气门位置传感器，也称可变电阻式传感器，其结构和工作原理如图 5-2 所示，实际上是一个滑动变阻器，E2 是搭铁端子，IDL 是怠速端子，VTA 是节气门开度信号端子，VC 是 ECU 供电端子，ECU 提供恒定 5V 电压。当节气门开度增加，节气门开度信号触点逆时针转动，VTA 端子输出电压也线性增大。如图 5-3 所示，VTA 端子输出电压与节气门开度成正比。当怠速时，怠速开关闭合，IDL 端子电压为 0V。

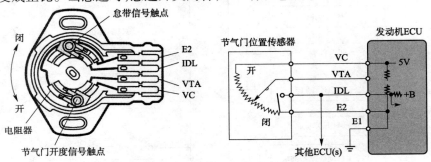

图 5-2 节气门位置传感器的结构和工作原理

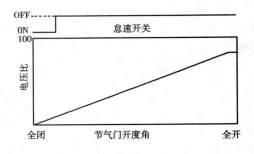

图 5-3 VTA 端子输出电压与节气门开度的关系

2. 车速传感器(VSS)

1）功用

车速传感器用于检测自动变速器输出轴转速，自动变速器 ECU 根据车速传感器输入的信号计算出车速，并以此信号控制自动变速器的换挡和锁止离合器的锁止。

2）类型

常见的车速传感器有电磁式、舌簧开关式、光电式三种形式。一般自动变速器装有两个车速传感器，分为 1 号和 2 号传感器。2 号车速传感器一般为电磁式的，它装在变速器输出轴附近的壳体上，为主车速传感器，1 号车速传感器一般为舌簧开关式的，为副车速传感器，它装在车速表的转子附近，负责车速的传输，它同时也是 2 号车速传感器的备用件，当 2 号车速传感器失效后，由 1 号车速传感器代替工作。下面以常见的电磁式车速传感器为例介绍其结构和工作原理。

3）电磁式车速传感器的结构和工作原理

如图 5-4 所示，电磁式车速传感器主要由永久磁铁、电磁感应线圈、转子等组成。转子一般安装在变速器输出轴上,永久磁铁和电磁感应线圈安装在变速器壳体上,如图 5-4c)所示。当输出轴转动,转子也转动,转子与传感器之间的空气间隙发生周期性变化,使电磁感应线圈中磁通量也发生变化,从而产生交流感应电压,如图 5-4b)所示,并输送给 ECU。交流感应电压随着车速(输出轴转速)具有两个响应特性,一是随着车速的增加,交流感应电压增高;二是随着车速的增加,交流感应电压脉冲频率也增加。ECU 是根据交流感应电压脉冲频率大小计算车速,并以此控制自动变速器的换挡。车速传感器信号相当于液控自动变速器中的速控油压,电控自动变速器没有速控阀。

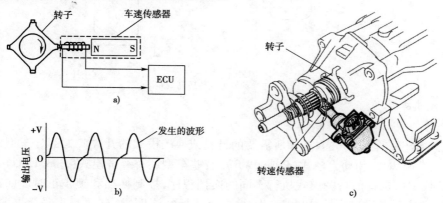

图 5-4 电磁式车速传感器的结构和工作原理

3. 输入轴转速传感器

对于乘用车自动变速器,一般在齿轮变速机构输入轴附近的壳体上装有检测输入轴转速的输入轴转速传感器。该传感器一般也是采用电磁式,其结构和工作原理及检测与车速传感器一样。

自动变速器 ECU 根据输入轴转速传感器的信号可以更精确地控制换挡。另外,ECU 还可以把该信号与发动机转速信号进行比较,计算出液力变矩器的转速比,使主油压和锁止离合器的控制得到优化,以改善换挡、提高行驶性能。

4. 冷却液温度传感器

1)功用

冷却液温度传感器的信号不仅用于发动机的控制,还用于自动变速器的控制。当发动机冷却液温度低于设定温度(如 60℃),发动机 ECU 会发送一个信号给自动变速器 ECU 的 OD_1 端子,以防止自动变速器换入超速挡,同时锁止离合器也不能工作。当发动机冷却液温度过高时,自动变速器 ECU 会让锁止离合器工作以帮助发动机降低冷却液的温度,防止自动变速器过热。

如果冷却液温度传感器故障,发动机 ECU 会自动将冷却液温度设定为 80℃,以便发动机和自动变速器可以工作。

2)结构和工作原理

冷却液温度传感器一般都是一个负温度系数的热敏电阻(图 5-5),即温度升高,电阻下降。如图 5-6 所示,发

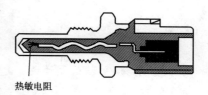

图 5-5 冷却液温度传感器

动机 ECU 在 THW 端子接收到一个与冷却液温度成正比的电压,从而得到冷却液温度信号。

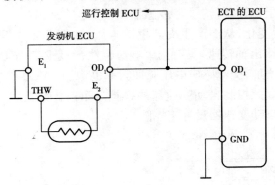

图 5-6　冷却液温度传感器线路图

5. 模式选择开关

1) 功用

模式选择开关是供驾驶人选择所需要的行驶或换挡模式的开关。大部分车型都具有常规模式(N 或 NORM)和动力模式(P 或 PWR),有些车型还有经济模式(E 或 ECO)。自动变速器 ECU 根据所选择的行驶模式执行不同的换挡程序,控制换挡和锁止正时。如选择动力模式,自动变速器会推迟升挡,以提高动力性,而选择经济模式,自动变速器会提前升挡,以提高经济性,常规模式介于两者之间。

2) 结构和工作原理

图 5-7 为常见的具有常规和动力两种模式的模式选择开关线路图,当开关接通 NORM (常规模式),仪表盘上 NORM 指示灯点亮,同时自动变速器 ECU 的 PWR 端子的电压为 0V, ECU 从而知道选择了常规模式。当开关接通 PWR(动力模式),仪表盘上 PWR 指示灯点亮,同时自动变速器 ECU 的 PWR 端子的电压为 12V,ECU 从而知道选择了动力模式。

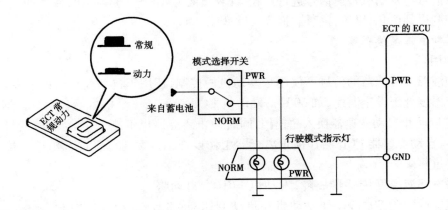

图 5-7　模式选择开关线路图

6. 驻车挡/空挡位置开关

1) 功用

驻车挡/空挡位置开关(又称空挡起动开关)有两个功用,一是给自动变速器 ECU 提供挡位信息,二是保证只有换挡杆置于 P 或 N 位才能起动发动机。

2)结构和工作原理

如图 5-8 所示,当换挡杆置于不同的挡位时,仪表盘上相应的挡位指示灯会点亮。当 ECU 的端子 N、2 或 L 与端子 E 接通时,ECU 便分别确定变速器位于 N、2 或 L 位;否则,ECU 便确定变速器位于 D 位。只有当换挡杆置于 P 或 N 位时,端子 B 与 NB 接通,才能给起动机通电,使发动机起动。

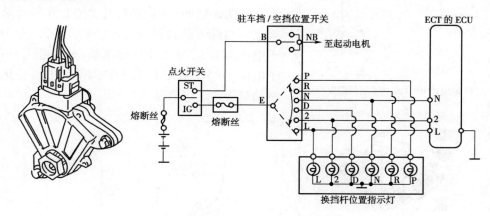

图 5-8　驻车挡/空挡位置开关线路图

7. OD 开关

1)功用

OD 开关(超速挡开关)一般安装在换挡杆上,由驾驶人操作控制,可以使自动变速器有或没有超速挡。

2)结构和工作原理

如图 5-9 所示,当按下 OD 开关(ON),OD 开关的触点实际为断开,此时 ECU 的 OD_2 端子的电压为 12V,自动变速器可以升至超速挡,且 OD OFF 指示灯不亮。

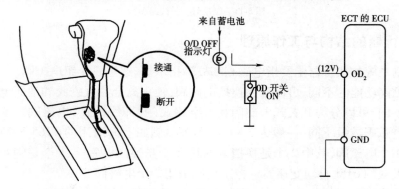

图 5-9　OD 开关 ON 的线路图

如图 5-10 所示,当再次按下 OD 开关,OD 开关会弹起(OFF),OD 开关的触点实际为闭合,此时 ECU 的 OD_2 端子的电压为 0V,自动变速器不能升至超速挡,且 OD OFF 指示灯点亮。

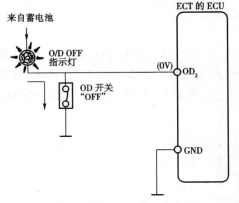

图 5-10 OD 开关 OFF 的线路图

8. 制动灯开关

1) 功用

自动变速器 ECU 通过制动灯开关检测是否踩下制动踏板,如果踩下制动踏板,ECU 会取消锁止离合器的工作。

2) 结构和工作原理

如图 5-11 所示,制动灯开关安装在制动踏板支架上。当踩下制动踏板,开关接通,ECU 的 STP 端子电压为 12V;当松开制动踏板,开关断开,STP 端子电压为 0V。ECU 根据 STP 端子的电压变化了解制动踏板的工作情况。

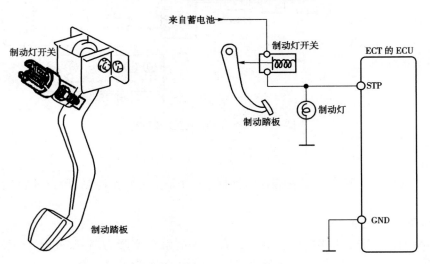

图 5-11 制动灯开关线路图

三、执行器的结构与工作原理

电子控制系统的执行器主要指电磁阀和故障指示灯,这里只介绍电磁阀。

根据电磁阀功能的不同,可以分为换挡电磁阀、锁止离合器电磁阀和油压电磁阀。根据工作原理的不同,可以分为开关式电磁阀和占空比式(脉冲线性式)电磁阀。不同的自动变速器使用的电磁阀数量不同,一般为 3~8 个不等。例如上海通用的 4T65-E 型自动变速器电控系统有 4 个电磁阀,其中 2 个是换挡电磁阀、1 个是油压电磁阀、1 个是锁止离合器电磁阀。而一汽大众的 01M 自动变速器电控系统则采用 7 个电磁阀。

绝大多数换挡电磁阀是采用开关式电磁阀,油压电磁阀是采用占空比式电磁阀,而锁止离合器电磁阀采用开关式的和占空比式的都有。

1. 开关式电磁阀

1) 功用

开关式电磁阀的功用是开启或关闭液压油路,通常用于控制换挡阀和部分车型锁止离合器的工作。

2）结构和工作原理

开关式电磁阀由电磁线圈、衔铁、复位弹簧、阀芯和球阀等组成,如图5-12所示。它有两种工作方式,一种是使油路油压上升或使油路泄压,如图5-12a)所示,当电磁线圈不通电时,阀芯被油压推开,打开泄油孔,油路的液压油经电磁阀泄掉;当电磁线圈通电时,在电磁吸力作用下衔铁和阀芯下移,关闭泄油孔,使主油道油压上升。另一种是开启或关闭某一条油路,即当电磁线圈不通电时,油压将阀芯推开,球阀在油压作用下关闭泄油孔,打开进油孔,使主油道压力油进入控制油道,如图5-12b)所示;当电磁线圈通电时,电磁力使衔铁和阀芯下移,推动球阀关闭进油孔,打开泄油孔,控制油道内的压力油经泄油孔泄空,如图5-12c)所示。

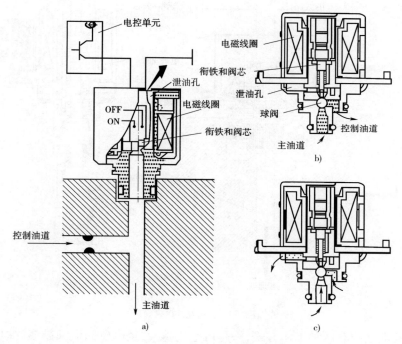

图5-12　开关式电磁阀

2. 占空比式电磁阀

1）占空比的概念

占空比是指一个脉冲周期中通电时间所占的比例（百分数）,如图5-13所示。

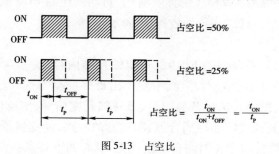

图5-13　占空比

$$占空比 = \frac{t_{ON}}{t_{ON}+t_{OFF}} = \frac{t_{ON}}{t_P}$$

2)结构和工作原理

占空比式电磁阀(又称为线性脉冲式电磁阀)与开关式电磁阀类似,也是有电磁线圈、滑阀、弹簧等组成,如图 5-14 所示。它通常用于控制油路的油压,有的车型的锁止离合器也采用此种电磁阀控制。当电磁线圈通电时,电磁力使阀芯或滑阀开启,液压油经泄油孔排出,油路压力随之下降;当电磁线圈断电时,阀芯或滑阀在弹簧弹力的作用下将泄油孔关闭,使油路压力上升。与开关式电磁阀不同的是,控制占空比式电磁阀的电信号不是恒定不变的电压信号,而是一个固定频率的脉冲电信号。在脉冲电信号的作用下,电磁阀不断开启、关闭泄油口。

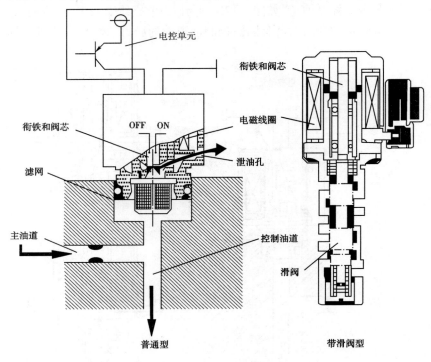

图 5-14　占空比式电磁阀

占空比式电磁阀有两种工作方式,一是占空比越大,经电磁阀泄油越多,油压就越低;另一种是占空比越大,油压越高。

四、电子控制单元的结构与工作原理

电子控制单元英文缩写为 ECU(俗称电脑)。自动变速器 ECU 具有换挡控制、锁止离合器控制、换挡平顺性控制、故障诊断、失效保护等功能。

1. 换挡控制

自动变速器换挡时刻的控制是 ECU 最重要的控制内容之一。汽车在某个特定工况下都有一个与之对应的最佳换挡时刻,使汽车发挥出最好的动力性和经济性。汽车行驶过程中,自动变速器 ECU 根据模式选择开关信号、节气门开度信号、车速信号等参数来打开或关闭换挡电磁阀,从而打开或关闭通往离合器、制动器的油路,使变速器升挡或降挡。

图 5-15 为常见四挡自动变速器的自动换挡图,具有如下特点:

（1）随着节气门开度增加，升挡或降挡车速增加。以二挡升三挡为例，当节气门开度为 2/8 时，升挡车速为 35km/h，降挡车速为 12km/h；当节气门开度为 4/8 时，升挡车速为 50km/h，降挡车速为 25km/h。所以在实际的换挡操作过程中，一般可以采用"收油门"的方法来快速升挡。

（2）升挡车速高于降挡车速，以免自动变速器在某一车速附近频繁升挡、降挡而加剧自动变速器的磨损。

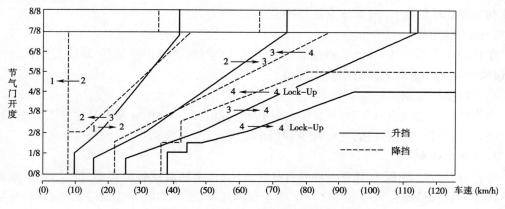

图 5-15 常见四挡自动变速器的自动换挡图

2. 锁止离合器控制

自动变速器 ECU 将各种行驶模式下锁止离合器的工作方式编程存入存储器，然后根据各种输入信号，控制锁止离合器电磁阀的通、断电，从而控制锁止离合器的工作。

1）锁止离合器工作的条件

如果满足以下 5 个条件，自动变速器 ECU 会接通锁止离合器电磁阀，使锁止离合器处于接合状态。

（1）换挡杆置于 D 位，且挡位在 D_2、D_3 或 D_4 挡；

（2）车速高于规定值；

（3）节气门开启（节气门位置传感器 IDL 触点未闭合）；

（4）冷却液温度高于规定值；

（5）未踩下制动踏板（制动灯开关未接通）。

2）锁止的强制取消

如果符合下面条件中的任何一项，ECU 就会给锁止离合器电磁阀断电，使锁止离合器分离。

（1）踩下制动踏板（制动灯开关接通）；

（2）发动机怠速（节气门位置传感器 IDL 触点闭合）；

（3）冷却液温度低于规定值（如 60℃）；

（4）当巡航系统工作时，如果车速降至设定车速以下至少 10km/h。

早期的电控自动变速器中，控制锁止离合器的电磁阀是采用开关式电磁阀，即通电时锁止离合器接合，断电时锁止离合器分离。目前，许多新型电控自动变速器采用占空比式电磁阀作为锁止离合器电磁阀，ECU 在控制锁止离合器接合时，通过改变脉冲电信号的占空比，让锁止离合器电磁阀的开度缓慢增大，以减小锁止离合器接合时所产生的冲击，使锁止离合器的接合过程变得更加柔和。

3. 换挡平顺性控制

自动变速器改善换挡平顺性的方法有换挡油压控制、减少转矩控制和 N-D 换挡控制。

1）换挡油压控制

自动变速器在升挡和降挡的瞬间，ECU 会通过油压电磁阀适当降低主油压，以减少换挡冲击，改善换挡。也有的自动变速器是在换挡时通过电磁阀来减小蓄能器背压，以减缓离合器或制动器油压的增长率，来减少换挡冲击。

2）减少转矩控制

在自动变速器换挡的瞬间，通过推迟发动机点火时刻或减少喷油量，减少发动机输出转矩，以减少换挡冲击和输出轴的转矩波动。

3）N-D 换挡控制

当换挡杆由 P 位或 N 位置于 D 位或 R 位时，或由 D 位或 R 位置于 P 位或 N 位时，通过调整喷油量，把发动机转速的变化减少到最小限度，以改善换挡。

4. 故障自诊断

电控自动变速器 ECU 具有内置的自诊断系统，它不断监控各传感器、信号开关、电磁阀及其线路，当有故障时，ECU 使 OD OFF 指示灯闪烁，以提醒驾驶人或维修人员；并将故障内容以故障码的形式存储在存储器中，以便维修人员采用人工或仪器的方式读取故障码。

当故障排除后，OD OFF 指示灯将停止闪烁，不过故障码仍然会保留在 ECU 存储器中。

当 OD 开关 ON 时（OD 开关断开），如果有故障，OD OFF 指示灯将点亮而不是闪烁。

注意：不同的自动变速器，故障指示灯不同。如丰田车系采用 OD OFF，通用车系采用 Service Engine Soon 指示灯，本田车系采用 D4 指示灯。

5. 失效保护

当自动变速器出现故障时，为了尽可能使自动变速器保持最基本的工作能力，以维持汽车行驶，便于汽车进厂维修，电控自动变速器 ECU 都具有失效保护功能。

（1）当传感器出现故障时，ECU 所采取的失效保护措施是：

①节气门位置传感器出现故障时，ECU 根据怠速开关的状态进行控制。当怠速开关断开时（加速踏板被踩下），按节气门开度为 1/2 进行控制，同时节气门油压为最大值；当怠速开关接通时（加速踏板完全放松），按节气门处于全闭状态进行控制，同时节气门油压为最小值。

②车速传感器出现故障时，ECU 不能进行自动换挡控制，此时自动变速器的挡位由换挡杆的位置决定。在 D 位和"2"位时，固定为超速挡或三挡，在 L 位时，固定为二挡或一挡；或不论换挡杆在任何前进挡位，都固定为一挡，以保持汽车最基本的行驶能力。

③冷却液温度传感器或 ATF 温度传感器出现故障时，ECU 按温度为 80℃ 的设定进行控制。

（2）电磁阀出现故障时，ECU 所采取的失效保护措施是：

①换挡电磁阀出现故障时，ECU 一般会将自动变速器锁挡，挡位与换挡杆的位置有关。如丰田车系锁挡情况见表 5-2。

丰田车系锁挡情况　　　　　　　　　　　　　　　表 5-2

换挡杆位置	D	2	L	R
挡位	四挡	三挡	一挡	倒挡

②锁止离合器电磁阀出现故障时,ECU 会停止锁止离合器的控制,使锁止离合器始终处于分离状态。

③油压电磁阀出现故障时,ECU 会停止油压的控制,使油路压力保持为最大。

第二节　电子控制系统的维修

一、实训器材

(1)车辆:科鲁兹(1.6L)乘用车,科鲁兹(1.6L)乘用车的6T30型自动变速器。

(2)普通工具:组合扳手、螺丝刀、钳子、扭力扳手、撬杆。

(3)专用工具:EL 35616GM 许可的端子测试组件、EL 38522 可变信号发电机、DT-41229 手动换挡轴销安装工具、DT-23129 通用密封件拆卸工具、GE-6125-1B 惯性锤、DT-48616 电磁阀总成测试组件和 DT-48616-10 适配器线束。

(4)检测工具:游标卡尺、检测仪、万用表、压力表。

(5)其他:油盆、自动变速器油 DEXRON® VI。

二、准备工作

(1)将工位清理干净。

(2)准备好相关的器材。

三、操作步骤

(一)输入轴转速传感器(ISS)和输出轴转速传感器(OSS)的维修

输入轴转速传感器(ISS)的结构如图 5-16 所示,输出轴转速传感器(OSS)的结构如图 5-17 所示。

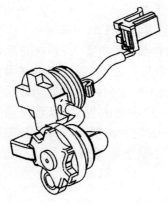
图 5-16　输入轴转速传感器(ISS)的结构

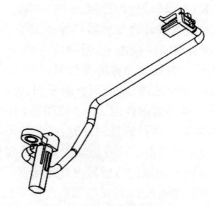
图 5-17　输出轴转速传感器(OSS)的结构

1. 输入轴转速传感器更换

1)拆卸程序

(1)拆下控制电磁阀和变速器控制装置模块总成。
(2)如图5-18所示,断开输入轴转速传感器电气连接器1。
(3)如图5-19所示,拆下输入轴转速传感器螺栓2。

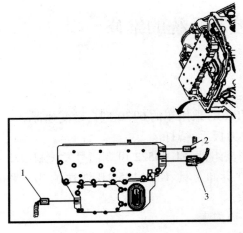

图5-18 输入轴转速传感器的拆卸(一)
1-输入轴转速传感器电气连接器;2-输出轴转速传感器电气连接器;3-换挡位置开关电气连接器

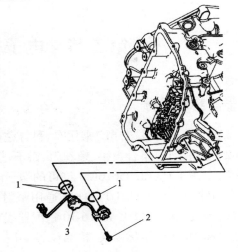

图5-19 输入轴转速传感器的拆卸(二)
1-输入轴转速传感器的密封件(数量:3);2-输入轴转速传感器螺栓M6×23(数量:1);3-输入轴转速传感器

(4)拆下输入轴转速传感器3。
注意:按压螺栓上的锁舌,使其从壳体上分离以避免损坏固定件。
(5)拆下3个输入轴转速传感器的密封件1。
注意:报废油封,且不可重复使用。
2)安装程序
(1)安装3个输入轴转速传感器密封件1(图5-19)。
(2)安装输入轴转速传感器3(图5-19)。
(3)安装输入轴转速传感器螺栓2(图5-19),并且紧固至12N·m。
注意:所有紧固件应遵守"紧固件告诫"。"紧固件告诫"内容为:请在正确的位置使用正确的紧固件。替换紧固件的零件号必须正确。除非另有说明,否则不得在紧固件或紧固件连接表面上使用油漆、润滑剂或防蚀剂,这些涂层会影响紧固件的拧紧力矩和夹紧力并会损坏紧固件。安装紧固件时,务必使用正确的紧固顺序和紧固规格,以避免损坏零件和系统。使用直接装入塑料的紧固件时,务必小心不要剥去配套的塑料零件。只能使用手动工具,切勿使用任何冲击工具或电动工具。紧固件应该手动紧固,完全就位且不能脱落。
(4)连接输入轴转速传感器电气连接器。
(5)安装控制电磁阀和变速器控制模块总成。
(6)执行变速器自适应值读入程序。

2. 输出轴转速传感器更换

输出轴转速传感器的更换可参照图5-20所示进行,并注意以下事项:

(1) 先拆下控制阀体,然后拆卸输出轴转速传感器。
(2) 安装输出轴转速传感器后,应执行变速器自适应值读入程序。
(3) 所有紧固件应遵守"紧固件告诫"。

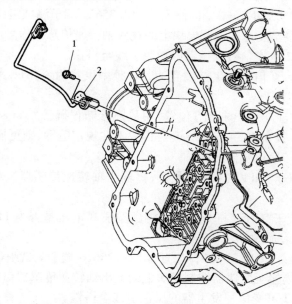

图 5-20 输出轴转速传感器的更换
1-输出轴转速传感器螺栓 M6×18(数量:1,拧紧力矩为 12N·m);2-输出轴转速传感器

3. 输入轴转速传感器和输出轴转速传感器的输入测试

此测试的目的是向控制电磁阀总成输入轴/输出轴转速传感器输入电路,提供模拟的输入轴/输出轴转速传感器(ISS/OSS)信号。输入轴转速传感器和输出轴转速传感器的输入测试如图 5-21 所示,所需的专用工具为 EL 35616GM 许可的端子测试组件、EL 38522 可变信号发生器。

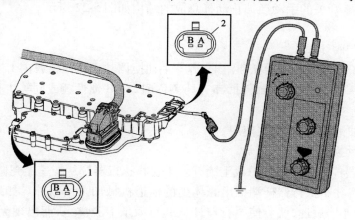

图 5-21 输入轴转速传感器和输出轴转速传感器的输入测试
1-输入轴转速传感器线束连接器 X3;2-输出轴转速传感器线束连接器 X4

1) 变速器输入轴转速传感器的测试
(1) 将点火开关置于"OFF"(关闭)位置,将输入轴转速传感器线束连接器 1 从控制电

磁阀总成上断开。

(2)将点火开关置于"ON"(打开)位置,测试端子 B 电压是否为 11~14V。如果不在规定范围,则更换控制电磁阀总成。

(3)将点火开关置于"OFF"(关闭)位置,用 EL 35616 端子测试组件将 EL 38522 可变信号发生器红色引线连接至变速器控制模块上的输入轴转速传感器信号电路端子 A。

(4)连接 EL 38522 可变信号发生器的黑色引线至搭铁。

(5)将 EL 38522 可变信号发生器设置为 5V,频率设置为 300Hz,占空比设置为 50% 或正常位置。

(6)将点火开关置于"ON"(打开)位置,用故障诊断仪确认"Transmission ISS"(变速器输入轴转速传感器)参数在 495~505r/min。如果不在规定范围,则更换控制电磁阀总成。

2)变速器输出轴转速传感器的测试

(1)将点火开关置于"OFF"(关闭)位置,将输出轴转速传感器线束连接器 2 从控制电磁阀总成上断开。

(2)将点火开关置于"ON"(打开)位置,测试端子 B 电压是否为 11~14V。如果不在规定范围,则更换控制电磁阀总成。

(3)将点火开关置于"OFF"(关闭)位置,用 EL 35616 端子测试组件将 EL 38522 可变信号发生器的红色引线连接至变速器控制模块上的输出轴转速传感器信号电路端子 A。

(4)连接 EL 38522 可变信号发生器的黑色引线至搭铁。

(5)将 EL 38522 可变信号发生器设置为 5V,频率设置为 300Hz,占空比设置为 50% 或正常位置。

(6)在点火开关置于"ON"(打开)位置时,用故障诊断仪确认"Transmission OSS(变速器输出轴转速传感器)"参数在 745~825r/min。如果不在规定范围,则更换控制电磁阀总成。

(二)带换挡轴位置开关的手动换挡止动杆总成的维修

带换挡轴位置开关的手动换挡止动杆总成的结构如图 5-22 所示。

1. 拆卸程序

(1)拆下控制阀体。

(2)如图 5-23 所示,使用撬杆和钳子,拆下手动换挡轴止动杆轮毂销 1,并报废。

(3)使用 DT-23129 通用密封件拆卸工具、GE-6125-1B 惯性锤或同等工具拆下手动换挡轴销 5。

注意:报废轴销,且不可再次使用。

(4)拆下手动换挡轴 2。

(5)将执行器杆 3 从止动杆总成上断开。不要将执行器杆从变速器壳体上拆下。

注意:切勿将驻车执行器杆端推出壳体内的油道机械加工面以外。如果将驻车棘爪执行器总成推离变速器过远,就会使执行器杆从驻车棘爪上脱离,从而出现无驻车挡的情况,此时需要拆解变速器总成以将执行器杆重新安装至驻车棘爪。

(6)拆下手动换挡轴止动杆(带换挡位置开关)总成 4。

2. 安装程序

(1)如图 5-24 所示,将执行器杆 3 连接至止动杆总成。

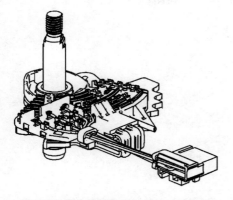

图5-22 带换挡轴位置开关的手动换挡止动杆总成的结构

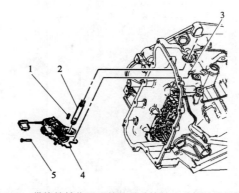

图5-23 带换挡轴位置开关的手动换挡止动杆总成的拆卸
1-手动换挡轴止动杆轮毂销;2-手动换挡轴;3-执行器杆;4-手动换挡轴止动杆(带换挡位置开关)总成;5-手动换挡轴销

(2)安装手动换挡轴止动杆(带换挡位置开关)总成4。

(3)安装手动换挡轴2。

(4)安装手动换挡轴止动杆轮毂销1至高度为7.9mm(见图5-24中b所示)。

注意:用DT-41229将手动换挡轴销安装至适当的高度,以正确固定手动换挡轴。如果销安装过深,则可能导致壳体孔开裂。

(5)使用DT-41229销安装工具安装新的手动换挡轴销5,使用新的销以确保与壳体接合正确。

(6)检查销的安装高度(见图5-24中a所示)是否在7.2~8.2mm范围。

(7)安装控制阀体。

(8)执行变速器自适应值读入程序。

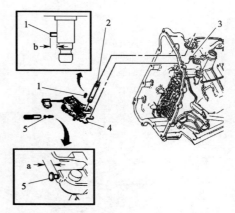

图5-24 带换挡轴位置开关的手动换挡止动杆总成的安装
1-手动换挡轴止动杆轮毂销;2-手动换挡轴;3-执行器杆;4-手动换挡轴止动杆(带换挡位置开关)总成;5-手动换挡轴销

(三)控制电磁阀和变速器控制模块总成维修

控制电磁阀和变速器控制模块总成如图5-25所示。

1. 拆卸程序

(1)拆下变速器控制阀体盖。

①拆下蓄电池托架。

②举升和顶起车辆。

③排空变速器油。

④将变速器油冷却器进口管从变速器上断开。

⑤将变速器油冷却器出口管从变速器上断开。

⑥如图5-26所示,断开控制阀体变速器控制模块电气连接器1,然后将线束从盖上断开。

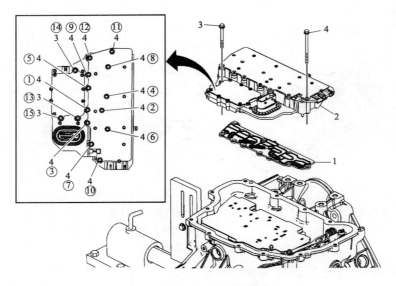

图 5-25 控制电磁阀和变速器控制模块总成

1-控制电磁阀总成过滤板;2-控制电磁阀(带阀体和变速器控制模块)总成;3-控制阀体螺栓 M5×40.5(数量:3,拧紧力矩为 7N·m);4-控制阀体螺栓 M6×97(数量:12,拧紧力矩为 10N·m)

⑦如图 5-27 所示,拆下控制阀体盖螺栓 1。

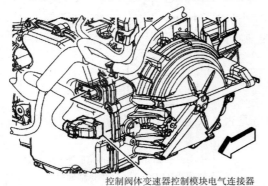

图 5-26 控制电磁阀和变速器控制模块总成的拆卸(一)

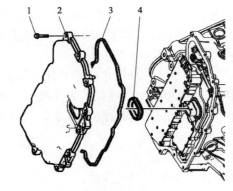

图 5-27 控制电磁阀和变速器控制模块总成的拆卸(二)

1-控制阀体盖螺栓;2-控制阀体盖;3-控制阀体盖衬垫;4-控制阀体盖线束连接器孔密封件

⑧拆下控制阀体盖 2。

⑨拆下控制阀体盖衬垫 3。

注意:拆下密封件时,支撑连接器附近的控制电磁阀总成。拉力过大会损坏内部电气连接。

⑩拆下控制阀体盖线束连接器孔密封件 4。

⑪清除旧衬垫材料的所有痕迹。清洁变速器和控制阀体盖衬垫表面。

(2)断开输出轴转速传感器电气连接器 2(图 5-18)。

(3)断开换挡位置开关电气连接器 3(图 5-18)。

(4)断开输入轴转速传感器电气连接器 1(图 5-18)。

(5)如图 5-28 所示,拆下 3 个控制阀体螺栓 1。
(6)拆下 12 个控制阀体螺栓 2。
(7)拆下带变速器控制模块的控制电磁阀总成 3。
注意:在拆卸或安装过滤板总成时要小心。破损或缺失的固定凸舌不能完全将过滤板固定至控制电磁阀总成,有可能导致损坏或污染。
(8)拆下控制电磁阀总成滤清器隔板 4。
注意:报废过滤板不可再次使用。
(9)检查压力开关密封件是否损坏或污染。必要时更换控制电磁阀总成。
(10)检查油路板螺栓的通孔是否损坏或烧损。任何损坏都可能导致泄漏,必要时进行更换。

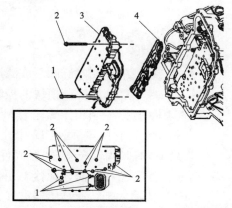

图 5-28 控制电磁阀和变速器控制模块总成的拆卸(三)
1-控制阀体螺栓 M5×40.5(数量:3);2-控制阀体螺栓 M6×97(数量:12);3-带变速器控制模块的控制电磁阀总成;4-控制电磁阀总成滤清器隔板

2. 控制电磁阀和变速器控制模块总成的检查

控制电磁阀和变速器控制模块总成的检查可参照图 5-29 所示进行。

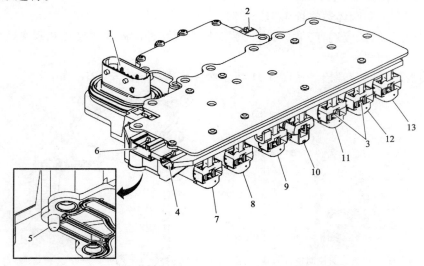

图 5-29 控制电磁阀和变速器控制模块总成的检查
1、2、4、6-控制电磁阀总成连接器和针脚;3-控制电磁阀总成电磁线圈引线;5-滤清器隔板固定凸舌;7-压力控制电磁阀 3(电阻 3.42~4.18Ω);8-压力控制电磁阀 2(电阻 3.42~4.18Ω);9-变矩器离合器压力控制电磁阀(电阻 3.42~4.18Ω);10-换挡电磁阀 1(电阻 16.2~19.8Ω);11-压力控制电磁阀 5(电阻 3.42~4.18Ω);12-压力控制电磁阀 4(电阻 3.42~4.18Ω);13-管路压力控制电磁阀(电阻 3.42~4.18Ω)

(1)仔细检查控制电磁阀总成连接器和针脚 1、2、4 和 6 的状况,检查是否存在损坏、针脚弯曲、碎屑、固定凸舌断裂、污染等现象,视情况进行修理或更换。
(2)确认连接器端子针脚周围没有金属碎屑,必要时进行清洁。
(3)确认控制电磁阀总成电磁线圈引线 3 是否被污染或有金属碎屑,必要时进行清洁。
(4)室温条件下,确认各电磁阀电磁线圈引线间的电阻均在图 5-29 所列范围内。如果任一电磁阀的电阻不在所列范围内,则更换控制阀体总成。

(5)检测控制电磁阀总成上的2个滤清器隔板固定凸舌5是否开裂以及当固定滤清器隔板时,确保合适的张紧力。

3. 安装程序

(1)安装新的控制电磁阀总成滤清器隔板4(图5-28),以防止油液从油封处泄漏。
(2)安装带变速器控制模块的控制电磁阀总成3(图5-28)。
(3)用手拧紧控制阀体螺栓1(M5×40.5)和控制阀体螺栓(M6×97)2(图5-28)。
(4)如图5-30所示,固定12个控制阀体螺栓2,并且按顺序紧固至12N·m。
注意:所有紧固件应遵守"紧固件告诫"。
(5)固定3个控制阀体螺栓1,并且按顺序紧固至8N·m。
(6)连接输入轴转速传感器电气连接器1(图5-18)。
(7)连接输出轴转速传感器电气连接器2(图5-18)。
(8)安装变速器控制阀体盖。
①安装控制阀体盖线束连接器孔密封件4(图5-27)。
②将控制阀体盖衬垫3(图5-27),安装至控制阀体盖。
③安装控制阀体盖2(图5-27)。
④用手拧紧控制阀体盖螺栓1(图5-27)。
注意:所有紧固件应遵守"紧固件告诫"。用手安装控制阀体盖螺栓和双头螺栓,然后依次安装所有螺栓和双头螺栓。
⑤安装控制阀体盖螺栓。按图5-31所示顺序将螺栓紧固至12N·m。

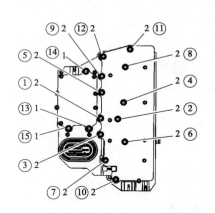

图5-30 控制电磁阀和变速器控制模块总成的安装(一)

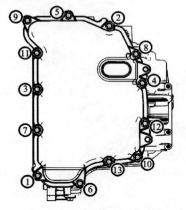

图5-31 控制电磁阀和变速器控制模块总成的安装(二)

1-控制阀体螺栓M5×40.5(数量:3);
2-控制阀体螺栓M6×97(数量:12)

⑥断开控制阀体变速器控制模块(TCM)电气连接器1(图5-26),然后将线束从盖上断开。
⑦降下车辆。
⑧将变速器油冷却器进口管连接至变速器。
⑨将变速器油冷却器出口管连接至变速器。

⑩用正确的油液将变速器加注至正确油位。
⑪安装蓄电池托架。
⑫检查是否泄漏。
(9)维修后,进行编程和设置程序。
(10)执行变速器自适应值读入。

4. 控制电磁阀和变速器控制模块总成电磁阀的性能测试

专用工具:DT-48616 电磁阀总成测试组件和适配器线束。

控制电磁阀和变速器控制模块总成电磁阀的性能测试如图 5-32 所示。此程序的目的是测试控制电磁阀总成电磁阀的功能是否卡在打开位置或关闭位置。DT-48616 测试板用螺栓紧固在控制电磁阀总成的阀体安装面上。压缩气体被送入铝制测试盒,通过控制电磁阀总成电磁阀通道,返回测试盒上的压力表中。如果空气压力通过电磁阀,则压力表指示打开;若空气无法通过电磁阀,则压力表指示关闭。用故障诊断仪指令电磁阀接通和断开,观察压力表,可以确定阀的功能是否正常。

注意:进气口可安装在 DT-48616 测试板的任意一端。

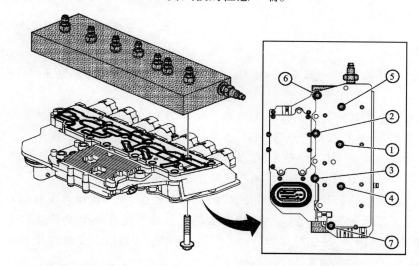

图 5-32 控制电磁阀和变速器控制模块总成电磁阀的性能测试(一)

(1)将点火开关置于"ON"(打开)位置,用故障诊断仪检查指定的 DTC P0842。
(2)确认 DTC P0842 显示无效。如果参数未显示无效,应确定车型年款、发动机和选装件以选择正确的诊断程序。
(3)将控制电磁阀总成和过滤板从变速器上拆下。
(4)用螺栓将 DT-48616 测试板固定到过滤板和控制电磁阀总成上。使用工具中提供的螺栓和垫圈安装测试盒。采用中心交替的拧紧顺序,将螺栓紧固至 5N·m。

注意:所有紧固件应遵守"紧固件告诫"。在连接至测量阀组之前先排出变速器控制模块中多余的变速器油,将气源连接至测试阀组进气口时应小心。

(5)如图 5-33 所示,将压力表安装至相应的电磁阀气孔。

注意:如果提供高于 345kPa 的空气压力,则无法进行换挡电磁阀的精确测试。

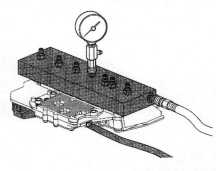

图 5-33 控制电磁阀和变速器控制模块总成
电磁阀的性能测试(二)

(6)将空气压力调节至 310～345kPa,并将管路连接至 DT-48616 测试板进风口。

(7)将 DT-48616-10 适配器线束连接至车辆线束和控制电磁阀总成。

注意:变速器控制模块限制指令电磁阀接通的时间,以防止电磁阀过热。一旦时间过期,则变速器控制模块阻止测试继续进行,并持续 5min。在 5min 的倒计时时间内,点火开关必须保持在 ON 位置。

(8)将点火开关置于"ON"(打开)位置。

注意:在两次压力测试之间释放压力表中的空气压力。如果电磁阀卡滞,不会发生压力变化。

(9)用故障诊断仪指令相应电磁阀接通和断开时,确认压力表中的压力应发生变化。必要时重新进行测试。如果压力表未发生变化,更换控制电磁阀总成;如果压力表发生变化,说明电磁阀未卡滞。

小结

1. 自动变速器的电子控制系统包括传感器及开关、电子控制单元(ECU)和执行器三部分。

2. 传感器及开关部分主要包括节气门位置传感器、车速传感器、发动机转速传感器、输入轴转速传感器、冷却液温度传感器、ATF 温度传感器、驻车挡/空挡位置开关(又称空挡起动开关)、强制降挡开关、制动灯开关、模式选择开关、OD 开关等。

3. 执行器部分主要包括各种电磁阀和故障指示灯等。

4. ECU 主要完成换挡控制、锁止离合器控制、油压控制、故障诊断和失效保护等功能。

5. 自动变速器的电子控制系统维修项目主要有自动变速器故障码的读取与清除、驻车挡/空挡位置开关的维修、转速传感器的维修、换挡电磁阀的维修和变速器线束的维修等。

复习思考题

一、简答题

1. 简述自动变速器电子控制系统的组成和作用。
2. 自动变速器常用的传感器及开关有哪些,各有什么功用?
3. 电磁阀有几种形式,说出其各自的组成、功用及工作原理。
4. 简述自动变速器电子控制单元的功能。

二、选择题

1. 决定自动变速器换挡时刻的主要传感信息是车速及(   )。
   A. 节气门开度   B. 发动机转速   C. 变速器输入轴的转速

2. 下列各项( )不是电控自动变速器的输入传感器。
   A. 节气门位置传感器　　　　B. 车速传感器　　　　　　C. 爆震传感器
3. 在自动变速器中,换挡是由( )来控制的。
   A. 发动机进气真空度信号　B. 换挡开关式电磁阀　　　C. 发动机转速信号
4. 在电控自动变速器的控制系统中,使用最广泛的、反映发动机负荷的传感器是( )。
   A. 发动机转速传感器　　　B. 节气门位置传感器　　　C. 进气流量计
5. 在电控自动变速器中,为达到顺利换挡的目的,对换挡阀的控制是采用( )。
   A. 止回节流阀　　　　　　B. 开关式电磁阀　　　　　C. 脉冲宽度可调式电磁阀
6. 电控自动变速器的电磁阀,安装在( )位置。
   A. 与离合器成一体　　　　B. 液控阀体上　　　　　　C. 油泵上
7. 当将电控自动变速器上的电磁阀插头拔下时,车辆( )。
   A. 仍可手动换挡　　　　　B. 发动机能起动,但车辆不能行驶
   C. 不能起动发动机
8. 在自动变速器中,换挡电磁阀可以( )。
   A. 控制换挡油流的大小　　B. 控制换挡油流的通断　　C. 控制止回阀的油流

三、判断题

1. ECU 主要完成换挡控制、锁止离合器控制、油压控制、故障诊断和失效保护等功能。
   (　　)
2. 冷却液温度传感器故障,自动变速器将不可以工作。 (　　)
3. 驻车挡/空挡位置开关的作用是保证只有换挡杆置于 P 或 N 位才能起动发动机。
   (　　)
4. 具有 4 个前进挡的电控自动变速器必须具有 4 个换挡电磁阀。 (　　)

第六章 自动变速器性能测试

1. 掌握手动换挡测试的目的、测试方法及步骤;
2. 掌握失速转速测试的目的、测试方法及步骤;
3. 掌握换挡时滞测试的目的、测试方法及步骤;
4. 掌握液压测试的目的、测试方法及步骤;
5. 掌握道路试验的目的、测试方法及步骤。

第一节 手动换挡测试

一、目的

手动换挡测试的目的是为了确定故障起因是机械系统还是电控系统。断开变速器线束,以禁止电子控制自动换挡。在此情况下,只能操作换挡杆进行换挡。如果通过操作换挡杆未能换挡,可假定存在机械故障。

二、测试方法及步骤

(1) 将点火开关置于 OFF 位置。
(2) 如图 6-1 所示,断开变速器线束连接器。
(3) 使发动机暖机。
(4) 行驶车辆。
(5) 当换挡杆移至 L、2、3 和 D 位置时,检查自动变速器工作情况,标准状态见表 6-1。

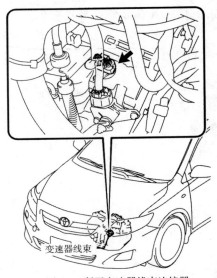

图 6-1 断开变速器线束连接器

标准状态   表 6-1

换挡杆	操作	换挡杆	操作
L 至 2	未能换挡	D 至 3	未能换挡
2 至 3	未能换挡	3 至 2	未能换挡
3 至 D	未能换挡	2 至 L	未能换挡

(6)将点火开关置于 OFF 位置。
(7)连接变速器线束连接器。
(8)清除故障码(DTC)。
注意:断开变速器线束时,自动变速器挡位设置见表6-2。

表6-2 自动变速器挡位设置

换 挡 杆	挡 位	换 挡 杆	挡 位
P	驻车挡	3	三挡
R	倒挡	2	三挡
N	空挡	L	三挡
D	三挡		

第二节 机械系统的测试

一、失速转速的测试

1)目的

失速试验测试的目的在于通过测量 D 位置的失速转速来检查自动变速器和发动机的整体性能。

2)注意事项

(1)应在铺设完好的道路(不会打滑的路)上进行行驶测试。
(2)在 ATF(自动变速器油)的正常工作温度为 50~80℃下执行测试。
(3)请勿连续执行本测试超过5s。
(4)为确保安全,应在能够提供良好牵引力的宽阔而空旷的平地上进行测试。
(5)失速测试务必由两人一起完成。一名维修人员进行测试时,另一名维修人员应在车外观察车轮或车轮挡块的状况。

3)测试方法及步骤(图6-2)

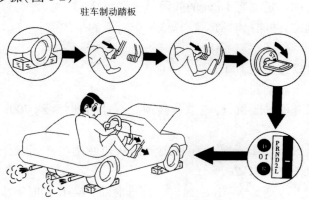

图6-2 失速试验

(1)塞住 4 个车轮。
(2)将智能检测仪连接到 DLC3。
(3)完全拉紧驻车制动器。
(4)左脚一直牢牢踩住制动踏板。
(5)起动发动机。
(6)换至 D 位置。用右脚将加速踏板踩到底。
(7)此时快速读取失速转速。标准失速转速:(2400±300)r/min。
如果失速转速不符合标准要求,可以的故障原因见表6-3。

表6-3 失速转速不符合标准可能的故障原因

故障	可能的故障原因
D 位置时发动机失速转速低	1. 发动机动力输出可能不足; 2. 液力变矩器导轮单向离合器工作异常; 注意:如果测量值比规定值低 600r/min 或更多,则液力变矩器可能有故障
D 位置时发动机失速转速高	1. 管路压力过低; 2. 前进挡离合器打滑; 3. 2 号单向离合器工作异常; 4. 液位不正确

二、换挡时滞的测试

1)目的

发动机怠速转动时将换挡杆从空挡拨至前进挡或倒挡后,需要有一段时间的时滞或延时才能使自动变速器完成换挡工作,这一时间称为自动变速器换挡时滞时间。根据换挡时滞时间的长短,可判断主油路油压及换挡执行元件的工作是否正常。

2)注意事项

(1)在 ATF(自动变速器油)的正常工作温度为 50~80℃下执行测试。
(2)两次测试之间一定要有 1min 的间隔。
(3)进行三次测试,并测量时滞。计算这三个时滞的平均值。

3)测试方法及步骤(图6-3)

(1)将智能检测仪连接到 DLC3。
(2)完全拉紧驻车制动器。
(3)起动发动机并使其暖机,检查怠速转速。怠速转速:大约 700r/min(在 N 位置并且空调关闭)。
(4)将换挡杆从 N 换至 D 位置。用秒表测量从切换换挡杆到感受到冲击的时间间隔。标准时滞:N→D 的时间少于 1.2s。
(5)按照同样的方法测量 N→R 的时滞。标准时滞:N→R 的时间少于 1.5s。
如果 N→D 或 N→R 的时滞比规定的时滞长,可能的故障原因见表6-4。

第六章 自动变速器性能测试

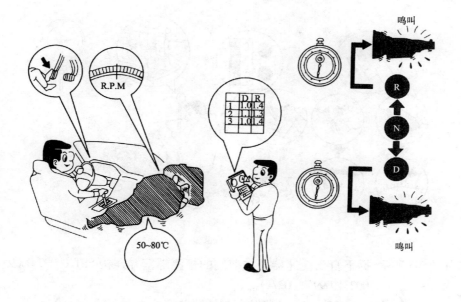

图 6-3 换挡时滞试验

N→D 或 N→R 的时滞比规定的时滞长故障可能的原因 表 6-4

故 障	可能的故障原因	故 障	可能的故障原因
N→D 时滞较长	1. 管路压力过低； 2. 前进挡离合器磨损； 3. 2 号单向离合器工作异常	N→R 时滞较长	1. 管路压力过低； 2. 倒挡离合器磨损； 3. 一挡和倒挡制动器磨损

第三节 液 压 测 试

一、注意事项

（1）在 ATF（自动变速器油）的正常工作温度为 50～80℃下执行测试。
（2）管路压力测试务必由两人一起完成，一名维修人员进行测试时，另一名维修人员应在车外观察车轮或车轮挡块的状况。
（3）注意不要使 SST 软管妨碍排气管。
（4）检测必须在检查和调整发动机之后进行。
（5）检测应在空调关闭的情况下进行。
（6）失速测试时，测试的持续时间不得超过 5s。

二、测试方法及步骤（图 6-4）

（1）使 ATF 变暖。

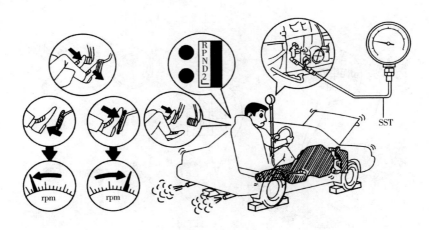

图 6-4 液压试验

（2）如图 6-5 所示，拆下自动变速器壳左前侧的检测螺塞并连接 SST 09992-00095（09992-00231，09992-00271）。

图 6-5 连接 SST

（3）完全拉紧驻车制动器并塞住 4 个车轮。
（4）将智能检测仪连接到 DLC3。
（5）起动发动机并检查怠速。
（6）用左脚踩住制动踏板并换至 D 位置。
（7）在发动机怠速运转时测量管路压力，U341 E 型自动变速器管路压力见表 6-5。
（8）将加速踏板踩到底。发动机转速达到失速转速时，迅速读取最高管路压力，应符合表 6-5 中所示要求。
（9）用同样的方法在 R 位置进行测试，应符合表 6-5 中所示要求。

如果管路压力不符合规定，可能的故障原因见表 6-6。

U341 E 型自动变速器管路压力　　　表 6-5

条　件	D 位置(kPa)	R 位置(kPa)
怠速运转时	372～412	553～623
失速测试	1120～1230	1660～1870

管路压力不符合规定故障可能的原因　　　表 6-6

故　障	可能的故障原因	故　障	可能的故障原因
如果在所有位置测量值都偏高	1. 换挡电磁阀 SLT 故障； 2. 调压器阀故障	如果仅在 D 位置压力偏低	1. D 位置油路漏油； 2. 前进挡离合器故障
如果在所有位置测量值都偏低	1. 换挡电磁阀 SLT 故障； 2. 调压器阀故障； 3. 油泵故障	如果仅在 R 位置压力偏低	1. R 位置油路漏油； 2. 倒挡离合器故障； 3. 一挡和倒挡制动器故障

第四节 道 路 试 验

道路试验是诊断、分析自动变速器故障最有效的手段之一。此外,自动变速器在修复之后,也应进行道路试验,以检查其工作性能,检验修理质量。自动变速器的道路试验内容主要有:检查换挡车速、换挡质量以及检查换挡执行元件有无打滑现象等。在道路试验之前,应先让汽车以中低速行驶 5~10min,让发动机和自动变速器都达到正常工作温度(50~80℃)。在试验中,通常应将 OD 开关置于 ON 的位置(即 OD OFF 熄灭),并将模式选择开关置于常规模式或经济模式。道路试验的方法如下:

一、D 位置测试

换至 D 位置并完全踩下加速踏板,然后检查以下几点:
(1)检查加挡操作。检查并确认一挡→二挡、二挡→三挡、三挡→四挡可加挡,且换挡点与自动换挡规范一致(表 6-7)。

U341 E 型自动变速器换挡规范　　　　表 6-7

	操	作	换挡车速(km/h)
换挡规范(正常)	D 位置	节气门全开	一挡→二挡	52~58
			二挡→三挡	99~109
			三挡→四挡	158~169
			四挡→三挡	152~163
			三挡→二挡	94~103
			二挡→一挡	45~50
		节气门全关	三挡→四挡	42~47
			四挡→三挡	31~36
	2 位置	节气门全开	一挡→二挡	52~58
			三挡→二挡	92~101
			二挡→一挡	45~50
	L 位置	节气门全开	三挡→二挡	92~101
			二挡→一挡	45~50
锁止点(节气门开度5%)	D 位置	四挡	锁止 ON	65~71
			锁止 OFF	61~66
	3 位置	三挡	锁止 ON	112~122
			锁止 OFF	107~117

注意:①四挡加挡禁止控制:
a. 发动机冷却液温度为 60℃ 或更低,车速为 70km/h 或更低。
b. ATF 温度为 10℃ 或更低。
②四挡锁止禁止控制:

a. 踩下制动踏板。

b. 松开加速踏板。

c. 发动机冷却液温度为60℃或更低。

（2）检查是否出现换挡冲击和打滑。检查一挡→二挡、二挡→三挡和三挡→四挡加挡时的是否出现冲击和打滑现象。

（3）检查是否出现异常噪声和振动。行驶时换挡杆置于D位置并进行一挡→二挡、二挡→三挡和三挡→四挡加挡，以及在锁止状态期间行驶时，检查是否存在异常噪声和振动。

注意：必须彻底检查引起异常噪声和振动的原因，因为这可能是由于差速器、液力变矩器等失衡造成的。

（4）检查强制降挡操作。行驶时换挡杆置于D位置，检查从二挡至一挡、三挡至二挡和四挡至三挡强制降挡时的车速。确认各速度都处于自动换挡规范指示的适用车速范围内（见表6-7）。

（5）检查强制降挡时的异常冲击和打滑。

（6）检查锁止机构。

①换挡杆在D位置（四挡）时，以稳定的速度行驶（锁止打开）。

②轻踩加速踏板，检查并确认发动机转速不急剧变化。

注意：如果发动机转速出现较大跳跃，则不能锁止。

二、3位置测试

换至3位置并完全踩下加速踏板，然后检查以下几点。

（1）检查加挡操作。检查并确认一挡→二挡和二挡→三挡可加挡，且换挡点与自动换挡规范一致（见表6-7）。

注意：在3位置时不能加挡至四挡。

（2）检查发动机制动。在3位置和三挡下行驶时，松开加速踏板，并检查发动机制动效果。

（3）在加速和减速期间，检查是否存在异常噪声，并在加挡和减挡时检查是否存在冲击。

三、2位置测试

换至2位置并完全踩下加速踏板，然后检查以下几点：

（1）检查加挡操作。检查并确认一挡→二挡可加挡，且换挡点要与自动换挡规范一致（见表6-7）。

注意：在2位置时不能加挡至三挡并锁止。

（2）检查发动机制动。在2位置和二挡下行驶时，松开加速踏板，并检查发动机制动效果。

（3）在加速和减速期间，检查是否存在异常噪声，并在加挡和减挡时检查是否存在冲击。

四、L位置测试

换至L位置并完全踩下加速踏板，然后检查以下几点：

（1）检查是否不能加挡。在L位置下行驶时，检查是否不能加挡至二挡。

注意：在L位置时不能加挡至二挡并锁止。

(2)检查发动机制动。在 L 位置下行驶时,松开加速踏板,并检查发动机制动效果。
(3)在加速和减速期间,检查是否出现异常噪声。

五、R 位置测试

换至 R 位置,轻踩加速踏板,并检查车辆向后移动时是否出现任何异常噪声或振动。
注意:在进行上述检测之前,请确保检测区域无闲杂人员且畅通无阻。

六、P 位置测试

将车辆停在斜坡(大于 5°)上,换至 P 位置后松开驻车制动器。然后检查并确认驻车锁爪能使车辆保持在原地。

七、上坡/下坡控制功能测试

(1)检查车辆在上坡时,是否不能加挡至四挡。
(2)检查车辆在下坡时,踩下制动踏板后,是否从四挡自动减挡至三挡。

小结

1. 手动换挡测试的目的是为了确定故障起因是机械系统还是电控系统。断开变速器线束,以禁止电子控制自动换挡。在此情况下,只能操作换挡杆进行换挡。如果通过操作换挡杆未能换挡,可假定存在机械故障。
2. 机械系统的测试包括失速转速测试和换挡时滞测试。失速试验测试的目的在于通过测量 D 位置的失速转速来检查自动变速器和发动机的整体性能。发动机怠速转动时将换挡杆从空挡拨至前进挡或倒挡后,根据换挡时滞时间的长短,可判断主油路油压及换挡执行元件的工作是否正常。
3. 液压测试是在发动机怠速运转时和发动机转速达到失速转速时,测量管路压力。
4. 道路试验是诊断、分析自动变速器故障最有效的手段之一。测试项目包括 D 位置测试、3 位置测试、2 位置测试、L 位置测试、R 位置测试、P 位置测试和上坡/下坡控制功能测试。

复习思考题

一、简答题
1. 简述自动变速器手动换挡测试的方法及步骤。
2. 简述失速转速测试的方法及步骤,并对试验结果进行分析。
3. 简述换挡时滞测试的方法及步骤,并对试验结果进行分析。
4. 简述自动变速器液压测试的方法及步骤。

二、选择题
1. 自动变速器的失速转速测试是通过测量在 D 挡位时的失速转速来(   )。

A. 检查自动变速器各挡执行元件的工作情况

B. 检查发动机和自动变速器的整体性能

C. 用于判断故障是来自电控系统还是机械系统

2. U341 E 型自动变速器 N→D 换挡时滞时间应少于(　　)。

　　A. 1.2s　　　　B. 1.5s　　　C. 2.0s

3. U341 E 型自动变速器 N→R 换挡时滞时间应少于(　　)。

　　A. 1.2s　　　　B. 1.5s　　　C. 2.0s

4. 做自动变速器液压测试应在ATF的正常工作温度(　　)下进行。

　　A. 50~80℃　　B. 70~80℃　　C. 40~50℃

三、判断题

1. 手动换挡测试的目的是为了确定故障起因是机械系统还是电控系统。(　　)

2. 自动变速器的失速转速测试是在正常工作温度下进行的,每次进行该测试不得超过10s。(　　)

3. 自动变速器失速测试可由一名维修人员独立完成。(　　)

4. 换挡时滞时间过长,可能是由于主油压过低或执行元件磨损等原因所致。(　　)

5. 对自动变速器液压测试必须在检查和调整发动机之后进行。(　　)

6. 对自动变速器油压检测,应在空调关闭的情况下进行。(　　)

7. 在 ATF(自动变速器油)的正常工作温度为 50~80℃ 下执行自动变速器液压测试。(　　)

8. 管路压力测试务必由两人一起完成,一名维修人员进行测试时,另一名维修人员应在车外观察车轮或车轮挡块的状况。(　　)

第七章 无级变速器的构造与维修

学习目标

1. 掌握无级变速器的变速原理；
2. 掌握无级变速器的结构组成和工作原理；
3. 熟悉无级变速器常见维修项目和方法。

第一节 无级变速器的构造与工作原理

一、概述

1. 原理介绍

无级变速器是传动比可以在一定范围内连续变化的变速器，简称 CVT（英文 Continuously Variable Transmission 的缩写）。它采用传动带和工作直径可变的主、从动轮相配合来传递动力，可以实现传动比的连续改变，从而得到传动系与发动机工况的最佳匹配，最大限度地利用发动机的特性，提高汽车的动力性和燃油经济性。目前，无级变速器在汽车上的应用越来越多，常见的无级变速器是金属带式无级变速器（VDT-CVT）。

图7-1 为金属带式无级变速器的变速原理图。变速部分由主动带轮、金属传动带和从动带轮所组成。每个带轮都是由两个带有斜面的半个带轮组成一体，其中一个半轮是固定的，另一个半轮可以通过液压控制系统控制其轴向移动，两个带轮之间的中心矩是固定的，由于两个带轮的直径可以连续无级变化，所以形成的传动比也是连续无级变化的。

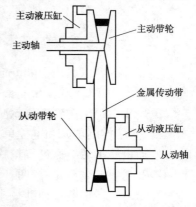

图7-1 金属带式无级变速器的变速原理图

2. 在国内的应用

目前，国内采用了无级变速器的常见车型有奥迪 A6、派力奥（西耶那、周末风）、飞度、旗云等。

1）奥迪 A6 的 Multitronic 无级/手动一体变速器

奥迪的 Multitronic 变速器是在原有无级变速器的基础上安装了一种称为多片式链带的传动组件，这种组件大大拓展了无级变速器的使用范围，能够传递和控制峰值高达 280N·m

的动力输出,其传动比超过了以前各种自动变速器的极限值。Multitronic 还采用了全新的电子控制系统,以克服原有无级变速器的不足。比如在上下坡时,系统能自动探测坡度,并通过调整速比增加动力输出或加大发动机的制动转矩来协助车辆行驶。

2）派力奥（西耶那、周末风）Speedgear

派力奥 Speedgear 是一种手/自一体式电控无级变速器（ECVT）,南京菲亚特公司率先把它应用在小型车上。它提供两种换挡模式:电控无级自动变速模式和 6 挡顺序手动变速模式,驾驶人可以根据喜好选择不同的换挡方法。Speedgear 由液力变矩器、两个可变直径钢带轮和一根传动金属带（一定数量的钢片和两根 9 层钢带）组成,具有更宽的传动比,同时具有无级变速器结构简单、体积紧凑的特点。

3）飞度 CVT

飞度的 CVT 无级变速器是专门为小型车设计的,属于新一代钢带无级自动变速器,可允许两个带轮之间进行高转矩传递,运转平稳、传动效率高。飞度的 CVT 变速器还带有 S 挡（运动模式）,既追求流畅感、低油耗,又不乏驾驶乐趣。

4）旗云 CVT

旗云 CVT 采用了德国 ZF 公司生产的 VT1F 无级变速器,和它出色的发动机一起,这一整套动力和传动系统都来自于宝马 MINI COOPER。该无级变速器有无级变速、自动巡航、运动模式和六挡手动 4 种驾驶模式,与电子油门配合以后更接近智能化控制。

3. 优点

CVT 技术真正应用在汽车上不过十几年的时间,但它比传统的手动变速器和自动变速器的优势却是显而易见的:

(1) 结构简单,体积小,大批量生产后的成本低于当前液力式自动变速器的成本。

(2) 工作速比范围宽,容易与发动机形成理想的匹配,从而改善燃烧过程,降低油耗和排放。

(3) 具有较高的传动效率,功率损失少,经济性高。

二、无级变速器的基本组成和工作原理

本部分内容以奥迪 Multitronic CVT 为例进行介绍,该无级变速器的内部编号为 01J。

1. 奥迪 01J CVT 的基本组成

奥迪 01J CVT 主要由飞轮减振装置、前进挡离合器/倒挡制动器及行星齿轮装置、速比变换器、液压控制单元和电控单元等组成,如图 7-2 所示。

发动机输出转矩通过飞轮减振装置或双质量飞轮传递给变速器,前进挡离合器和倒挡制动器都是湿式摩擦元件,两者均为起动装置。倒挡的旋转方向是通过行星齿轮机构改变的。发动机的转矩通过辅助减速齿轮传到速比变换器,并由此传到主减速器、差速器。液压控制系统和电子控制系统集成一体,位于变速器内部。

2. 前进挡离合器/倒挡制动器及行星齿轮机构

1）前进挡离合器和倒挡制动器

奥迪 01J CVT 的起动装置是前进挡离合器和倒挡制动器,并与行星齿轮机构一起实现前进挡和倒挡。它们只做起动装置,并不改变传动比,这与在自动变速器中的离合器和制动器的功用是不同的。

第七章 无级变速器的构造与维修

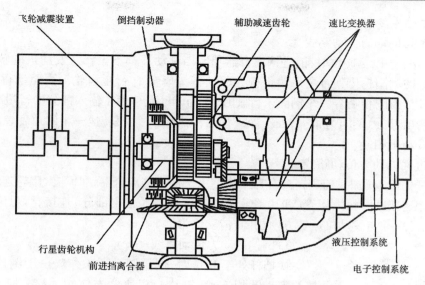

图 7-2 奥迪 01J 无级变速器的基本组成

奥迪 01J CVT 的前进挡离合器和倒挡制动器均是采用湿式多片式结构,这与前述的自动变速器中的离合器和制动器的结构是相同的,这里不过多叙述。

2)行星齿轮机构

行星齿轮机构的结构如图 7-3 所示,由齿圈、两个行星齿轮、行星架、太阳轮组成。当太阳轮顺时针转动时,驱动行星齿轮 1 逆时针转动,再驱动行星齿轮 2 顺时针转动,最后驱动齿圈也顺时针转动。

作为输入元件的太阳轮与输入轴和前进挡离合器钢片相连接,作为输出元件的行星架与辅助减速齿轮的主动齿轮和前进挡离合器的摩擦片相连接,齿圈和倒挡制动器摩擦片相连接,倒挡制动器钢片和变速器壳体相连接。行星齿轮机构的简图 7-4 如图所示。

图 7-3 行星齿轮机构的结构

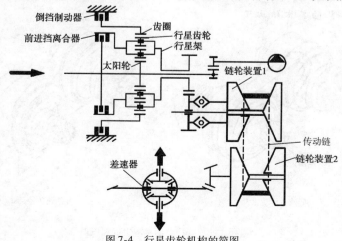

图 7-4 行星齿轮机构的简图

3. 动力传递路线

1) P/N 挡的动力传动路线

换挡杆处于 P 或 N 位时，前进挡离合器和倒挡制动器都不工作。发动机的转矩通过输入轴相连接的太阳轮传到行星齿轮机构并驱动行星齿轮 1，行星齿轮 1 再驱动行星齿轮 2，行星齿轮 2 与齿圈相啮合。车辆尚未行驶时，作为辅助减速齿轮输入部分的行星架（行星齿轮机构的输出部分）的阻力很大，处于静止状态，齿圈以发动机转速一半的速度急速运转，旋转方向与发动机相同。

2) 前进挡的动力传动路线

换挡杆处于 D 位时，前进挡离合器工作。由于前进挡离合器钢片与太阳轮连接，摩擦片与行星架相连接，此时，太阳轮（变速器输入轴）与行星架（输出部分）连接，行星齿轮机构被锁死成为一体，并与发动机运转方向相同，传动比为 1:1。

3) 倒挡的动力传动路线

换挡杆处于 R 位时，倒挡制动器工作。由于倒挡制动器摩擦片与齿圈相连接，钢片与变速器壳体相连接，此时齿圈被固定，太阳轮（输入轴）主动，转矩传递到行星架，由于是双行星齿轮（其中一个为惰轮），所以行星架就会以与发动机旋转方向相反的方向运转，车辆向后行驶。

由行星架输出的动力辅助减速齿轮传递到速比变换器，如图 7-5 所示。

图 7-5　辅助减速齿轮

4. 速比变换器

速比变换器是 CVT 最重要的装置，其功用是实现无级变速传动。

速比变换器由两组滑动锥面链轮和专用链条组成，如图 7-6 所示。主动链轮由发动机通过辅助减速齿轮驱动，发动机转矩由传动链传递到从动链轮装置，并由此传给主减速器。每组链轮装置中的其中一个链轮，可沿轴向移动以调整传动链的跨度尺寸，从而连续地改变传动比。两组链轮装置必须同步进行，这样，才能保证传动链始终处于张紧状态，且具有足够的传动链和链轮之间的接触压力。

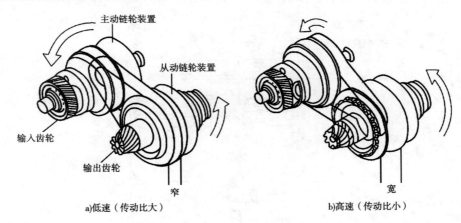

图 7-6　速比变换器的基本组成和原理

速比变换器的组成,如图7-7所示。该速比变换器的工作模式是基于双活塞工作原理。其特点是利用少量的压力油就可以很快地进行换挡,这可以保证在相对低压时,锥面链轮与传动链之间有足够的接触压力。在主动链轮1和从动链轮2上各有一个保证传动链轮和传动链之间正常接触压力的压力缸和用于调整变速比的分离缸。为了有效地传递发动机转矩,锥面链轮和传动链之间需要很高的接触压力,接触压力通过调节压力缸内的油压产生。压力缸表面积很大,能够在低压时提供所需的接触压力。液压系统泄压时,主动链轮膜片弹簧和从动链轮的螺旋弹簧产生一个额定的传动链条基础张紧力(接触压力)。在卸压状态下,速比变换器起动传动比由从动链轮的螺旋弹簧弹力调整。

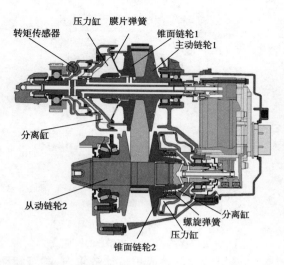

图7-7　速比变换器的组成

1)换挡控制

(1)电子控制部分。奥迪01J CVT的电子控制单元有一动态控制程序(DRP),用于计算额定的变速器输入转速。为了在每个驾驶状态下获得最佳传动比,驾驶人输入信息和车辆实际工作状态要被计算在内。根据边界条件动态控制程序(DRP),计算出变速器额定输入转速。变速器输入转速传感器G182监测主动链轮1处的实际转速。电子控制单元会根据实际值与设定值进行比较,并计算出压力调节电磁阀N216的控制电流,这样N216就会产生液压换挡阀的控制压力,该压力与控制电流几乎是成正比的。控制单元通过检查来自变速器输入转速传感器G182和变速器输出转速传感器G195及发动机转速信号来实现对换挡的监控。

(2)液力换挡控制(增速与降速)。液压控制单元中的输导控制阀(VSTV)向换挡压力调节电磁阀N216提供一个约0.5MPa的常压。N216根据电子控制单元计算的控制电流产生控制压力,该压力的大小会影响减压阀UV的位置。

根据控制压力,减压阀UV将调节出来的压力传递到主动链轮和从动链轮的分离缸。当调节压力在0.18~0.2MPa之间时,减压阀UV处于关闭状态。当控制压力低于0.18MPa时,调节压力通过减压阀UV传递到主动链轮1的分离缸,同时从动链轮的分离缸与油底壳接通,速比变换器朝增速的方向进行变速,如图7-8所示。

当调节压力高于0.22MPa时,调节压力通过减压阀传递到从动链轮2的分离缸,同时主动链轮1的分离缸与油底壳相通,速比变换器朝减速的方向变速,如图7-9所示。

2)接触压力控制

压力缸中合适的油压最终产生锥面链轮与链条之间的接触压力,若接触压力过高,会降低传动效率;相反,若接触压力过低,传动链会打滑,这将损坏传动链和链轮。转矩传感器的目的就是根据要求建立起尽可能精确、安全的接触压力。

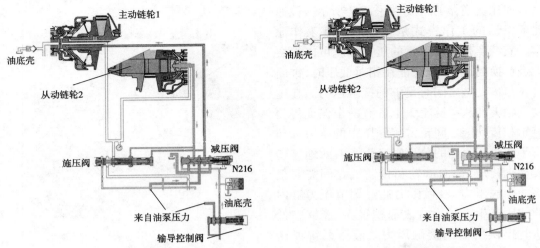

图7-8 速比变换器增速的控制　　图7-9 速比变换器减速的控制

转矩传感器集成于主动链轮内,静态和动态高精确度地监控传递到压力缸的实际转矩,并建立压力缸的正确油压。转矩传感器主要部件为2个滑轨架,每个支架有7个滑轨,滑轨中装有7个滚子,如图7-10所示。

滑轨架1装在主动链轮的输出齿轮中(辅助减速输出齿轮),滑轨架2通过内花键与主动链轮连接,并可以轴向移动且由转矩传感器活塞支撑。转矩传感器活塞调整接触压力,并形成两个压力腔:转矩传感器腔1和腔2。转矩传感器产生的轴向力作为控制力,与发动机转矩成正比,压力缸中建立起来的压力与控制力成正比。转矩传感器支架彼此间可径向旋转,将转矩转化为轴向力(因滚子和滑轨的几何关系),此轴向力施加于滑轨架2,并移动转矩传感器控制凸缘关闭或打开转矩传感器腔输出端,如图7-11所示。

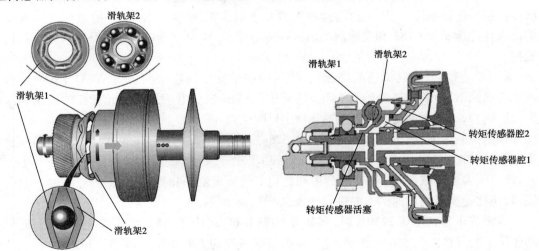

图7-10 转矩传感器的组成　　图7-11 转矩传感器的工作原理

(1)输入转矩低时。转矩传感器腔1直接与压力缸相通。发动机转矩产生的轴向力与压力缸内的压力达到平衡。在汽车稳定运行的情况下,出油孔仅部分关闭,打开排油孔(转矩传感器)后压力下降,出油孔进油压力降低,直至恢复压力平衡,如图7-12所示。

(2)输入转矩高时。转矩达到峰值时,控制凸缘完全关闭出油孔。若转矩传感器进一步移动,将会起到油泵作用,此时被排出的油使压力缸内的压力迅速上升,这样就会毫无延迟地调整接触压力。锥面链轮产生的接触压力不仅取决于输入转矩,还取决于传动链跨度半径,此两者确定了速比变换器的实际传动比,如图 7-13 所示。

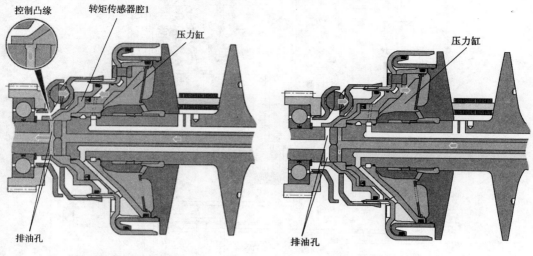

图 7-12　低转矩时的控制　　　　　　图 7-13　高转矩时的控制

5. 液压控制系统

CVT 的液压控制系统也像自动变速器的液压控制系统一样,担负着系统油压的控制、油路的转换控制、用油元件的供油以及冷却控制等。

1)供油装置

奥迪 01J CVT 的供油装置采用的是带月牙形密封的内啮合齿轮泵,直接装在液压控制单元上,形成一个整体,减少了压力损失。

2)液压控制单元

液压控制单元由手动换挡阀、9 个液压阀和 3 个电磁控制阀组成。液压控制单元和电子控制单元直接插接在一起,液压控制单元应完成下述功能:

(1)控制前进挡离合器/倒挡制动器的工作状态。

(2)调节离合器压力。

(3)冷却离合器。

(4)为接触压力控制提供压力油。

(5)传动控制。

(6)为飞溅润滑油罩盖供油。

液压控制系统油路如图 7-14 所示。为防止系统工作压力过高,限压阀将油泵产生的最高压力限制在 0.82MPa,并通过输导控制阀向三个压力调节电磁阀提供一个恒定的 0.5MPa 的输导控制压力。压力阀防止起动时油泵吸入空气,当油泵输出功率高时,压力阀打开,允许 ATF 油从回油管流到油泵吸入侧,提高油泵效率。施压阀控制系统压力,在各种工况下都始终能够提供足够的油压。电磁阀 N88、N215 和 N216 在设计上称为压力控制阀,它们将控制电流转变为相应的液压控制压力。

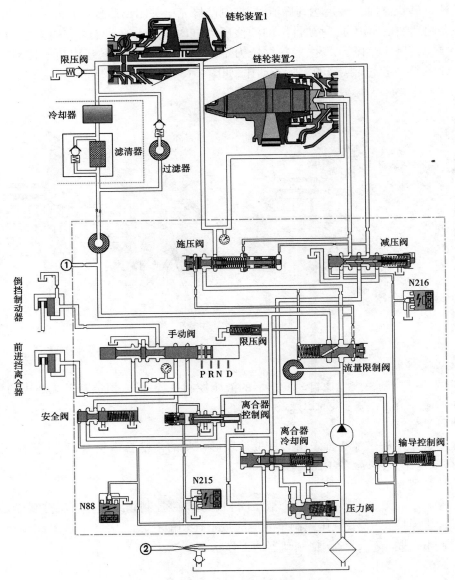

图 7-14 液压控制系统油路图

6. 电子控制系统

奥迪 01J CVT 的电子控制系统由电子控制单元、输入装置(传感器、开关)和输出装置(电磁阀)三部分组成。其特点是电子控制单元集成在速比变换器内,控制单元直接用螺栓紧固在液压控制单元上。3 个压力调节阀与控制单元间直接通过坚固的插头连接(S 形接头),没有连接线。控制单元用一个 25 针脚的小型插头与汽车相连。电控系统更具特点的是集成在控制单元内的传感器技术:电器部件的底座为一个坚硬的铝板,壳体材料为塑料,并用铆钉紧固到底座上。壳体容纳全部的传感器,因此不再需要线束和插头。这种结构大大提高了工作效率和可靠性。另外,将发动机转速传感器和多功能开关设计成霍尔传感器,霍尔传感器没有机械磨损,信号不受电磁干扰,这使其可靠性进一步提高。传感器为控制单元的集成部件,若某个传感器损坏,必须更换电子控制单元。图7-15为电子控制系统的组成。

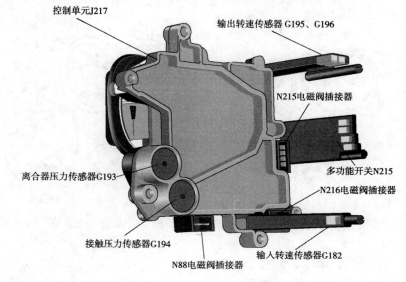

图7-15　电子控制系统的组成

第二节　无级变速器的维修

一、一般故障的维修

(一)实训器材

(1)车辆:广州本田飞度乘用车(装备无级变速器)。

(2)普通工具:组合扳手、螺丝刀、扭力扳手等。

(3)检测工具:本田PGM测试仪或本田诊断系统(HDS)、数字万用表、锥形头探针。

(4)其他:转向盘护套、换挡杆手柄套、座位套、脚垫。

(二)准备工作

(1)汽车进入工位前,将工位清理干净,准备好相关的器材。

(2)将车辆停放在水平地面上。

(3)拉紧驻车制动器操纵杆,并将换挡杆置于驻车挡(P挡)。

(4)套上转向盘护套、换挡杆手柄套和座位套,铺设脚垫。

(三)操作步骤

1.故障码(DTC)的检查

当动力系统控制模块(PCM)检测到输入或输出系统出现异常时,通常,仪表板总成上的D指示灯将闪烁(图7-16)。

如图7-17所示,将数据传输插接器(DLC)(位于驾驶员侧仪表板下方)连接到本田PGM

测试仪或者本田诊断系统(HDS)上。当将点火开关置于 ON(Ⅱ)位置时,数据传输插接器就会显示出故障码(DTC)。

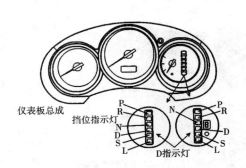

图 7-16　仪表板总成上的 D 指示灯　　　　图 7-17　连接到本田 PGM 测试仪

如果 D 指示灯和故障指示灯(MIL)亮,或者怀疑驾驶性能出现问题,则按以下程序进行:

(1)将本田 PGM 测试仪或者 HDS 连接到 DLC 上。

(2)将点火开关置于 ON(Ⅱ)位置,在测试仪屏幕上,选择 A/T(自动变速器)系统,并观察 DTCs MENU(故障码菜单)上的 DTC。

(3)记录所有燃油和排放的 DTC、A/T DTC 冻结数据。

(4)如果燃油和排放的 DTC 存在,则应先按 DTC 的显示,对燃油和排放系统进行检查。DTC P0700 除外,因为 DTC P0700 意味着有一个或多个自动变速器故障码存在,而 PCM 的燃油和排放电路没有任何问题。

(5)在 CLEAR MENU(清除菜单)上,将 DTC 和数据清除。

(6)按照与冻结数据相同的工况进行试车,行驶几分钟后,重新检查 DTC。如果 A/T DTC 重新出现,则参照表 7-1 检测和排除故障;如果 DTC 消除,则表明电路中存在间歇性故障。确认电路中的所有插接器和端子全部紧固。

故障码(DTC)表　　　　表 7-1

DTC SAE 代码(本田代码)	D 指示灯	故障指示灯(MIL)	检测项目
P1705(5-1)	闪烁	ON	变速器挡位开关(搭铁短路)
P1706(6-1)	不闪烁	ON	变速器挡位开关(断路)
P1879(32-1)	闪烁	ON	起步离合器压力控制阀
P1882(33-1)	闪烁	OFF	控制阀电磁线圈
P1885(34-1)	闪烁	OFF	CVT 主动带轮转速传感器
P1886(35-1)	闪烁	OFF	CVT 从动带轮转速传感器
P1887(35-1)	闪烁	ON	VABS 电路
P1888(36-1)	闪烁	ON	CVT 转速传感器
P1890(42-1)	闪烁	ON	换挡控制系统
P1891(43-1)	闪烁	ON	起步离合器控制系统
P1894(38-1)	闪烁	ON	CVT 主动带轮压力控制阀电路
P1895(39-1)	闪烁	OFF	CVT 从动带轮压力控制阀电路

注:表中圆括号内的 DTC 是使用本田 PGM 测试仪或者 HDS 时所看见的本田代码,"-"(连字符)前的第一个数字,是 DLC 与本田 PGM 测试仪或 HDS 连接,而且测试仪工作在 SCS 模式时,D 指示灯所显示的闪烁代码;DTC P1887(53-1)适用于装备有 ABS 的车型。

2. PCM 电路的故障检修

(1) 拆卸杂物箱盖和杂物箱,拆下乘客侧的下盖,然后卸下检修孔盖。

(2) 如图 7-18 所示,使用数字万用表和锥形头探针,根据 DTC 故障检修程序,检测 PCM 电路。

(3) 如果无法使用插接器接线侧或者接线侧被密封,可断开插接器,使用探针从端子检测插接器。

注意:不要将探针强行插入插接器。

3. 清除 A/T DTC

(1) 记录所有冻结数据,并记录下列线电台预置频率。

(2) 将点火开关置于 OFF 位置。

(3) 将本田 PGM 测试仪或者 HDS 连接到 DLC 上。

(4) 将点火开关置于 ON(Ⅱ) 位置。

(5) 在测试仪屏幕上选择 A/T 系统,然后选择 CLEAR(清除)。

(6) 清除 CLEAR MENU(清除菜单)上的 DTC 或重置 PCM。

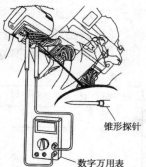

图 7-18 检测 PCM 电路

4. 结束检查

(1) 将点火开关置于 OFF 位置。

(2) 从 DLC 上断开本田 PGM 测试仪。

(3) 重置 PCM。

(4) 为起步离合器的控制,校准反馈信号。

(5) 将点火开关置于 ON(Ⅱ) 位置。

(6) 按照与冻结数据所指示的相同工况试车,行驶几分钟,确认故障已消除。

二、无级变速器的测试

(一) 实训器材

(1) 车辆:广州本田飞度乘用车(装备无级变速器)。

(2) 普通工具:组合扳手、螺丝刀、钳子、扭力扳手、举升器。

(3) 专用工具:A/T 机油压力表装置(07406-0020004)、A/T 低压表(07406-0070001)。

(4) 检测工具:本田 PGM 检测仪或本田诊断系统(HDS)、数字万用表、转速表。

(5) 其他:木块、清洁剂或化油器清洁剂、转向盘护套、换挡杆手柄套、座位套、脚垫。

(二) 准备工作

(1) 汽车进入工位前,将工位清理干净,准备好相关的器材。

(2) 套上转向盘护套、换挡杆手柄套和座位套,铺设脚垫。

(三) 操作步骤

1. 路试

(1) 将发动机热机到正常工作温度(散热器风扇转动)。

(2) 拉起驻车制动杆,并塞住两个后轮。起动发动机,踩下制动踏板,将挡位换至 D 位置。踩下加速器踏板,然后突然释放,发动机不应该失速。

(3)换挡杆在 P 位置进行测试:将车辆停在一个大约 16°的斜坡上,使用驻车制动器,换挡杆至 P 位置。释放驻车制动器;车辆不应该移动。

(4)将本田 PGM 测试仪或 HDS(本田诊断系统)连接到 DLC(数据传输插接器)上,然后转到 CVT(无级变速器)数据列表。

(5)换挡杆分别置于 D、S、L 位置时(表 7-2 ~ 表 7-4),在平坦路面上进行试车。检查发动机转速是否符合表中数据范围内,节气门位置传感器的电压值是借助 PGM 测试仪或 HDS 监测的。

表 7-2　D 位 置 路 试

节气门位置传感器电压(V)	车速(km/h)	发动机转速(r/min)
0.75	40	1050 ~ 1450
2.0	40	2050 ~ 2650
	60	2200 ~ 2800
	100	2650 ~ 3250
4.5	40	4000 ~ 4600
	60	4300 ~ 4900
	100	4750 ~ 5350

表 7-3　S 位 置 路 试

节气门位置传感器电压(V)	车速(km/h)	发动机转速(r/min)
0.75	40	1550 ~ 1950
	60	1900 ~ 2500
	100	2800 ~ 3400
2.0	40	2650 ~ 3250
	60	2850 ~ 3450
	100	3350 ~ 3950
4.5	40	4450 ~ 5050
	60	4800 ~ 5400
	100	5200 ~ 5800

表 7-4　L 位 置 路 试

节气门位置传感器电压(V)	车速(km/h)	发动机转速(r/min)
0.75	40	2700 ~ 3300
	60	3400 ~ 4000
	100	4100 ~ 4700
2.0	40	3450 ~ 4050
	60	4050 ~ 4650
	100	4650 ~ 5250
4.5	40	4450 ~ 5050
	60	4800 ~ 5400
	100	5200 ~ 5800

2. 失速测试

(1) 拉起驻车制动杆,并塞住前轮。
(2) 将转速表连接到发动机上,并起动发动机。
(3) 确认 A/C(空调)开关置于 OFF 位置。
(4) 在发动机加热到正常工作温度(散热器风扇转动)后,换挡至 D 位置。
(5) 将制动踏板和加速器踏板完全踩下,持续 6~8s,读取发动机转速。
注意:在提高发动机转速时,千万不要移动换挡杆。
(6) 发动机冷却 2min,然后在 S、L 和 R 位置重复测试。
注意:一次失速测试千万不要超过 10s;进行失速测试应当只用于诊断目的;D、S、L 和 R 位置的失速应该相同;安装 A/T 压力表后,千万不要测试失速。
① 在 D 和 R 位置失速转速,技术要求为 2500r/min,维修极限为 2350~2650r/min。
② 在 S 和 L 位置失速转速,技术要求为 3000r/min,维修极限为 2800~3100r/min。
(7) 如果测量结果不符合维修极限,则故障和引起故障的可能原因见表 7-5。

表 7-5 失速转速不合格的故障原因

故障	故障原因
在 D、S、L 和 R 位置时,失速转速过高	(1) 油位过低或 ATF 油泵输出过低; (2) ATF 滤清器堵塞; (3) PH 调节阀卡滞; (4) 前进挡离合器故障; (5) 起步离合器故障
在 R 位置时,失速转速过高	(1) 倒挡离合器打滑; (2) 起步离合器故障
在 D、S、L 和 R 位置时,失速转速过低	(1) 发动机输出过低; (2) 起步离合器故障; (3) CVT 主动或从动带轮控制阀卡滞

3. 压力测试

(1) 在进行测试之前,确认变速器油已加注到合适位置。
(2) 举升车辆前部,确认车辆支撑可靠。
(3) 拉起驻车制动杆,并可靠地塞住后轮。
(4) 拆下挡泥板。
(5) 让前轮能够自由转动。
(6) 发动机热机(散热器风扇转动),然后停止,接上转速表。
(7) 如图 7-19 所示,将专用工具 A/T 机油压力表装置(07406-0020004)连接到前进挡离合器压力检查孔上、倒挡制动器检查孔上、主动带轮压力检查孔上和从动带轮压力检查孔上。
(8) 如图 7-20 所示,将专用工具 A/T 低压表(07406-0070001)连接到润滑压力检查孔上。

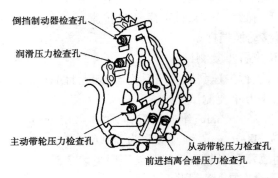
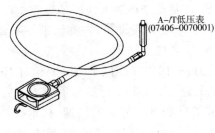

图7-19 连接A/T机油压力表装置　　　　图7-20 A/T低压表

（9）起动发动机。将挡位换至D位置，测量1700r/min时前进挡离合器的压力；将挡位换至R位置，并测量1700r/min时倒挡制动器的压力；将挡位换至N位置，并测量1700r/min时主动带轮的压力和从动带轮的压力；测量在2500r/min时润滑压力，应符合表7-6要求。

变速器油压力　　　　表7-6

部　件	维修极限（MPa）	部　件	维修极限（MPa）
前进挡离合器	1.44~1.71	从动带轮	0.43~0.91
倒挡制动器	1.44~1.71	润滑压力检查孔	0.27~0.40
主动带轮	0.31~0.58		

（10）压力测试完毕后，拆下专用工具。
（11）使用新的密封垫圈，安装密封螺栓。螺栓拧紧力矩为18N·m。
注意：千万不要重新使用旧的密封垫圈。
（12）如果测量结果超出维修极限，则故障和引起故障的可能原因见表7-7。

压力测试不合格的故障原因　　　　表7-7

故　障	故　障　原　因
无前进挡离合器压力或压力太低	前进挡离合器
无倒挡制动器压力或太低	倒挡制动器
无主动带轮压力或太低	（1）ATF油泵； （2）PH调节阀； （3）CVT主动带轮控制阀； （4）CVT从动带轮控制阀
主动带轮压力太高	（1）PH调节阀； （2）CVT主动带轮控制阀； （3）CVT从动带轮控制阀； （4）CVT主动带轮压力控制阀

续上表

故　　障	故　障　原　因
无从动带轮压力或太低	（1）ATF 油泵； （2）PH 调节阀； （3）主动带轮控制阀； （4）CVT 从动带轮控制阀； （5）CVT 从动带轮压力控制阀
从动带轮压力太高	（1）PH 调节阀； （2）CVT 主动带轮控制阀； （3）CVT 从动带轮控制阀； （4）CVT 主动带轮压力控制阀
无润滑压力或太低	（1）ATF 油泵； （2）润滑阀

4. 起步离合器压力控制阀的测试

（1）拆下空气滤清器壳体和进气导管。

（2）如图 7-21 所示，断开起步离合器压力控制阀插接器。

（3）在插接器上测量起步离合器压力控制阀的电阻，标准值为 3.8～6.8Ω。

（4）如果电阻不符合标准值，将蓄电池正极端子与起步离合器压力控制阀插接器的 1 号端子相连接，将蓄电池负极端子与 2 号端子相连接，此时应该听到"咔嗒"声。若听不到任何声音，则拆下控制阀，用清洁剂来彻底清洗相关的零件，然后重新检查。

5. CVT 主动带轮压力控制阀的测试

（1）拆下空气滤清器壳体和进气导管。

（2）如图 7-22 所示，断开 CVT 主动带轮压力控制阀插接器。

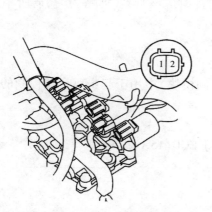　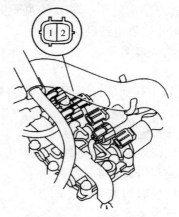

图 7-21　断开起步离合器压力控制阀插接器　　图 7-22　断开 CVT 主动带轮压力控制阀插接器

（3）在插接器上测量 CVT 主动带轮压力控制阀的电阻，标准值为 3.8～6.8Ω。

（4）如果电阻不符合标准值，将蓄电池正极端子与 CVT 主动带轮压力控制阀插接器的 1 号端子相连接，将蓄电池负极端子与 2 号端子相连接，此时应该听到"咔嗒"声。若听不到任何声音，则拆下控制阀，用清洁剂来彻底清洗相关的零件，然后重新检查。

6. CVT 从动带轮压力控制阀的测试

(1) 拆下空气滤清器壳体和进气导管。

(2) 如图 7-23 所示,断开 CVT 从动带轮压力控制阀插接器。

(3) 在插接器上测量 CVT 从动带轮压力控制阀的电阻,标准值为 3.8~6.8Ω。

(4) 如果电阻不符合标准值,将蓄电池正极端子与 CVT 从动带轮压力控制阀插接器的 1 号端子相连接,将蓄电池负极端子与 2 号端子相连接,此时应该听到"咔嗒"声。若听不到任何声音,则拆下控制阀,用清洁剂来彻底清洗相关的零件,然后重新检查。

7. 限止装置电磁阀的测试

(1) 如图 7-24 所示,断开限止装置电磁阀插接器。

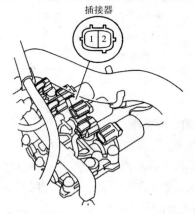

图 7-23　断开 CVT 从动带轮压力控制阀插接器　　图 7-24　断开限止装置电磁阀插接器

(2) 在插接器端子上测量限止装置电磁阀的电阻,标准值为 11.7~21.0Ω。

(3) 如果电阻不符合标准值,将蓄电池正极端子与限止装置电磁线圈插接器的 2 号端子相连接,将蓄电池负极端子与 1 号端子相连接,此时应该听到"咔嗒"声。若听不到任何声音,则更换限止装置电磁阀。

8. 起步离合器的校准

1) 注意事项

在出现以下任何情况下,PCM(动力系统控制模块)中用于起步离合器控制的反馈信号记忆将被清除。

(1) 断开蓄电池端子。

(2) 拆下仪表板下熔丝/继电器盒内的 20 号 ECU(15A)熔断丝。

(3) 更换起步离合器。

(4) 更换控制阀体。

(5) 大修变速器总成。

(6) 更换变速器总成。

(7) 大修发动机总成。

(8) 更换发动机总成。

2) 车辆停止时的校准步骤

(1) 拉起驻车制动杆,并牢固地塞住 4 个车轮。

(2)将发动机热机到正常工作温度(散热器风扇转动)。
(3)确认故障指示灯(MIL)没有亮,D 指示灯没有闪烁。
(4)如果 MIL 亮或 D 指示灯闪烁,检查燃油和排放系统或 A/T 控制系统。
(5)将点火开关置于 OFF 位置。
(6)将本田 PGM 测试仪或 HDS(本田诊断系统)连接到 DLC(数据传输插接器)上。
(7)使用本田 PGM 测试仪或 HDS 跨接 SCS 线路。
(8)踩下制动踏板,一直踩住踏板装置,直到校准结束。
(9)在无负载条件下,起动发动机,然后打开前照灯。在校准过程中,前照灯必须亮着。
(10)将换挡杆换至 N 位置,并换至 D、S 和 L 位置,发动机起动后,在 20s 内换回 S、D 和 N 位置。换挡杆应停在每个挡位上,重复换挡 2 次。
(11)检查换挡杆在 N 位置时,D 指示灯是否亮 1min,然后熄灭。如果 D 指示灯闪烁而没有亮,或者 D 指示灯常亮(1min 后没有熄灭),将点火开关置于 OFF 位置,从第(6)步开始,重新执行上述步骤。
(12)换挡至 D 位置,并检查 D 指示灯是否亮 2min,然后熄灭。如果 D 指示灯闪烁而没有亮,或者 D 指示灯常亮(1min 后没有熄灭)。将点火开关置于 OFF 位置,从第(6)步开始,重新执行上述步骤。
(13)将点火开关置于 OFF 位置,直到校准结束。
(14)进行试车,确认起步离合器控制系统没有故障。
3)车辆行驶时的校准步骤
(1)将发动机热机到正常工作温度(散热器风扇转动)。
(2)在无负载条件下,起动发动机,然后打开前照灯。
(3)将换挡杆换至 D 位置,车辆行驶直到速度达到 60km/h,不要踩下制动踏板,在超过 5s 的时间使车辆减速,直到校准结束。
(4)进行试车,确认起步离合器控制系统没有故障。

三、挡位指示灯器的维修

(一)实训器材
(1)车辆:广州本田飞度乘用车(装备无级变速器)。
(2)普通工具:组合扳手、螺丝刀、钳子、扭力扳手。
(3)检测工具:数字万用表、厚薄规。
(4)其他:转向盘护套、换挡杆手柄套、座位套、脚垫。

(二)准备工作
(1)汽车进入工位前,将工位清理干净,准备好相关的器材。
(2)将车辆停放在水平地面上。
(3)拉紧驻车制动器操纵杆,并将换挡杆置于驻车挡(P 挡)位置。
(4)套上转向盘护套、换挡杆手柄套和座位套,铺设脚垫。

(三)操作步骤
A/T 挡位指示灯组件安装位置如图 7-25 所示。

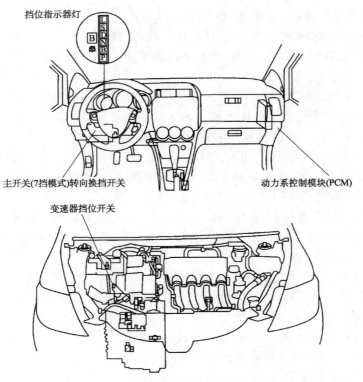

图 7-25　A/T 挡位指示灯组件的安装位置

1. 指示灯输入测试(6挡无级变速器+7挡模式车型)

(1)如果 D 指示灯或 MIL(故障指示灯)亮,则检查 DTC(故障码),并根据 DTC 的指示维修系统。

(2)如果 D 指示灯和挡位指示灯不亮,或者换挡指示灯不能正常工作,则从仪表板上拆下仪表总成,然后断开仪表总成插接器 A(20P)和 B(14P)。

(3)检查插接器和插座端子,确认其接触良好。如果端子弯曲、松动或锈蚀,根据需要,进行维修,然后重新检查系统。

(4)换挡杆换至 P 位置,检查 B14 端子(BLK/BLU)(黑/蓝)与搭铁之间的导通性。在 P 位置时应当导通,而在其他任一位置应当不导通。如果测试结果不符合要求,则检查是否为变速器挡位开关故障,或者为导线断路。

(5)将点火开关置于 ON(Ⅱ),踩下制动踏板,将换挡杆换至 R 位置。检查 B13 端子(WHT)(白)与搭铁之间的电压。在 R 位置时应当为 0V,而在其他任何一位置应当为 10V。如果测试结果不符合要求,则检查是否为变速器挡位开关故障,或者为导线断路。

(6)换挡杆换至 N 位置,检查 B12 端子(RED/BLK)(红/黑)与搭铁之间的导通性。在 N 位置时应当导通,而在其他任一位置应当不导通。如果测试结果不符合要求,则检查是否为变速器挡位开关故障,或者为导线断路。

(7)换挡杆换至 D 位置,检查 B9 端子(PND)(粉)与搭铁之间的电压。在 D 位置时应当为蓄电池电压,而在其他任一位置应当 0V。如果测试结果不符合要求,则检查是否为变速器挡位开关和 PCM 故障,或者为导线断路。

(8)换挡杆换至 S 位置,检查 B8 端子(BLU/WHT)(蓝/白)与搭铁之间的电压。在 S 位置时应当为 0V,而在其他任一位置应当为 10V。如果测试结果不符合要求,则检查是否为变速器挡位开关故障,或者为导线断路。

(9)换挡杆换至 L 位置,检查 B10 端子(BLU)(蓝)与搭铁之间的电压。在 L 位置时应当为 0V,而在其他任一位置应当为 10V。如果测试结果不符合要求,则检查是否为变速器挡位开关故障,或者为导线断路。

(10)如图 7-26 所示,换挡杆换至 D 或 S 位置,推动主开关(7 挡模式),然后推动转向换挡开关的加(+)和减(-)。

(11)检查 B11 端子(BRN/WHT)(棕/白)与搭铁之间的电压。在 7 挡手动换挡模式时,应当为蓄电池电压。不在 7 挡手动换挡模式时,应当为 0V。如果测试结果不符合要求,则检查是否为主开关(7 挡模式)/转向换挡开关和 PCM 的故障,或者为导线断路。

(12)检查 A2 端子(YEL)(黄)与搭铁之间的电压,应当为蓄电池电压。如果测试结果不符合要求,则检查是否为仪表板下熔断丝/继电器盒内的 16 号(7.5A)熔断丝熔断,或者为导线断路。

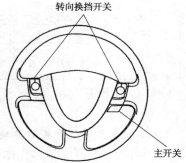

图 7-26 指示灯输入测试

(13)检查 A9 端子(BLK)(黑)与搭铁之间的导通性。它们在任何情况都应当导通。如果测试结果不符合要求,则检查是否为 G501 搭铁不良,或者为导线断路。

(14)将点火开关置于 OFF 位置,连接仪表总成插接器 A(20P)和 B(14P)。

(15)起动发动机,换挡杆换至 D 或 S 位置。推动主开关(7 挡模式),然后推动转向换挡开关的加(+),换挡指示灯会显示 1。

(16)检查 B5 端子(BLU/WHT)(蓝/白)与搭铁(LED A)之间的电压,并检查 B4 端子(RED/WHT)(红/白)与搭铁(LED B)之间的电压,均应当为 5V。检查 B3 端子(GRN/BLK)(绿/黑)与搭铁(LED C)之间的电压,应当不 0.3V。

(17)如果输入测试正常,而挡位指示灯故障,则更换仪表总成。

2. 变速器挡位开关的测试

(1)拆下空气滤清器壳体和进气导管。

(2)如图 7-27 所示,断开变速器挡位开关插接器,插接器端子规范见表 7-8。

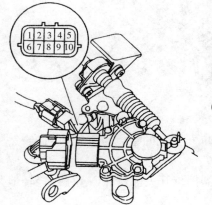

图 7-27 变速器挡位开关的测试

插接器端子规范   表 7-8

插接器端子	信 号	插接器端子	信 号
1	—	6	P
2	N	7	R
3	S	8	D
4	ST	9	L
5	—	10	GND

（3）检查插接器端子之间的导通性。对于每个开关位置,端子之间的导通性见表7-9。

检查端子之间的导通性　　　　　　表7-9

变速杆位置	端子									
	1	2	3	4	5	6	7	8	9	10
P				○		○				○
R							○			
N				○						
D								○	○	
S				○						
L							○		○	

（4）如果任一端子之间不导通,则调整变速器挡位开关的安装。若开关安装正常,则更换变速器挡位开关。

3. 变速器挡位开关的更换

（1）拆下空气滤清器壳体和进气导管。

（2）换挡至N位置。

（3）如图7-28所示,断开变速器挡位开关插接器。拆下旧的变速器挡位开关,更换一个新开关。

（4）确认控制杆处于N位置,如图7-29所示。注意:换至N位置时,不要挤压控制轴端。如果控制轴端被挤压在一起,控制轴与变速器挡位开关之间的轴向间隙发生改变,将会产生错误的信号或挡位。

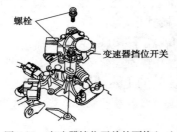
图7-28 变速器挡位开关的更换（一）

图7-29 变速器挡位开关的更换（二）

（5）如图7-30所示,使构架上的切口与新的变速器挡位开关上的空挡位置切口对准,然后在切口内放置2.0mm厚的厚薄规片,开关保持在N位置。

（6）如图7-31所示,用2.0mm厚的厚薄规片,使变速器挡位开关保持在N位置,轻轻地将开关插入控制轴上。

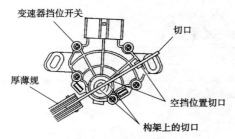
图7-30 变速器挡位开关的更换（三）

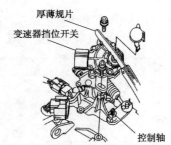
图7-31 变速器挡位开关的更换（四）

(7)如图7-32所示,继续将变速器挡位开关保持在N位置,旋紧开关上的螺母。注意:旋紧螺母时,不要移动开关。

(8)拆下厚薄规,然后安装构架罩。

(9)连接变速器挡位开关插接器。

(10)将点火开关置于ON(Ⅱ)位置。将换挡杆换至各个位置,检查变速器挡位开关与挡位指示灯的同步情况。

(11)确认发动机只有在P或N位置时才能起动,在其他任何位置时都不能起动。确认换挡杆位于R位置时,倒车灯亮。

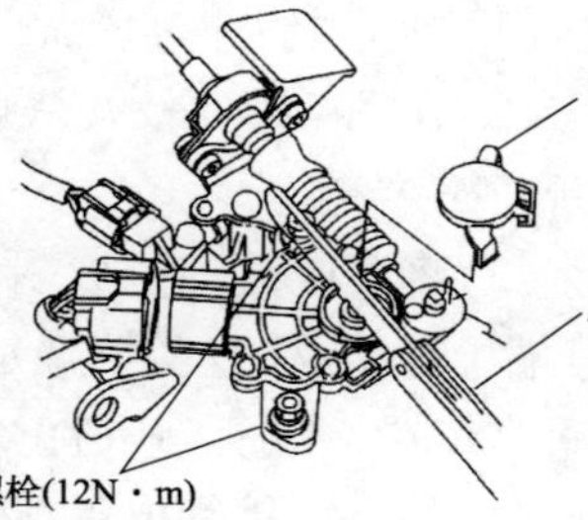

(12)允许车轮自由转动,然后起动发动机,检查换挡杆的操作情况。

(13)安装空气滤清器壳体和进气导管。

四、换挡锁系统的维修

(一)实训器材

(1)车辆:广州本田飞度乘用车(装备无级变速器)。
(2)普通工具:组合扳手、螺丝刀、钳子、扭力扳手。
(3)检测工具:数字万用表。
(4)其他:转向盘护套、换挡杆手柄套、座位套、脚垫。

(二)准备工作

(1)汽车进入工位前,将工位清理干净,准备好相关的器材。
(2)将车辆停放在水平地面上。
(3)拉紧驻车制动器操纵杆,并将换挡杆置于驻车挡(P挡)位置。
(4)套上转向盘护套、换挡杆手柄套和座位套,铺设脚垫。

(三)操作步骤

换挡锁组件的安装位置如图7-33所示。

图7-32 变速器挡位开关的更换(五)

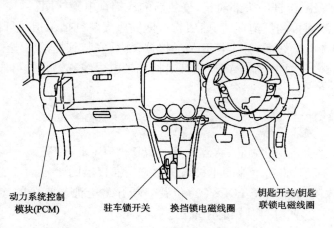

图7-33 换挡锁组件的安装位置

1. 换挡锁电磁线圈的测试

(1) 拆下中央控制台。

(2) 如图 7-34 所示,从换挡杆托架底座上拆下换挡锁电磁线圈/驻车锁开关插接器,然后断开插接器。

(3) 将蓄电池的正极端子与换挡锁电磁线圈插接器的 1 号端子连接,蓄电池负极端子与 3 号端子连接,检查换挡杆是否可以从 P 位置移开。断开蓄电池正极、负极端子,将换挡杆移回 P 位置,并确认其锁止。

(4) 如果换挡锁电磁线圈工作不正常,应进行更换。

2. 换挡锁电磁线圈的更换

(1) 拆下中央控制台。

(2) 如图 7-35 所示,从指示灯面板上拆下灯泡插座,然后从插座上拆下灯泡。从换挡杆托架底座上拆下换挡锁电磁线圈/驻车锁开关插接器,然后断开插接器。拆下驻车锁开关插接器。松开紧固换挡锁电磁线圈的锁耳,然后拆下换挡锁电磁线圈。

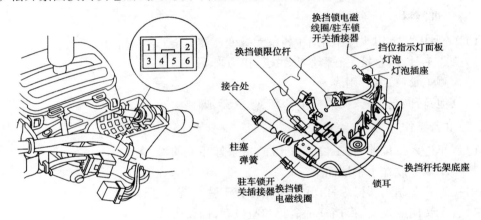

图 7-34 换挡锁电磁线圈的测试　　图 7-35 换挡锁电磁线圈的更换

(3) 将换挡锁电磁线圈柱塞和弹簧安装到新的换挡锁电磁线圈内。将换挡电磁线圈柱塞的接合处与换挡锁限位杆的头部对正,安装新的换挡锁电磁线圈。

(4) 安装指示灯面板的灯泡插座,然后将灯泡插座安装到挡位指示灯面板上。

(5) 连接换挡锁电磁线圈/驻车锁开关插接器,然后安装到托架底座上。

(6) 连接驻车锁开关插接器。确认锁耳对换挡锁电磁线圈锁止的可靠性。

(7) 安装中央控制台。

3. 钥匙联锁电磁线圈的测试

(1) 断开钥匙开关插接器。

(2) 将点火钥匙插入钥匙锁芯,将点火开关置于 ACC(Ⅰ)位置。

(3) 如图 7-36 所示,将蓄电池的正极与钥匙开关插接器的 4 号端子连接,负极与 3 号端子连接,确认点火钥匙不能转至 LOCK(0)位置。断开蓄电池与端子的连接,确认点火钥匙能够转至 LOCK(0)位置,并可从锁芯中取出。

(4) 如果钥匙联锁电磁阀的工作不正常,应更换点火钥匙锁芯/转向锁总成。

4. 驻车锁开关的测试与更换

(1) 拆下中央控制台。

(2) 断开驻车锁开关插接器(2P)。

(3) 如图7-37所示,将换挡杆换至P位置,检查1号端子与2号端子之间的导通性,应导通。将换挡杆移出P位置,检查1号与2号端子之间的导通性,应不导通。

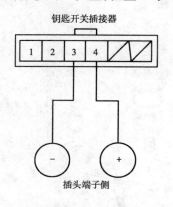

图7-36 钥匙联锁电磁线圈的测试

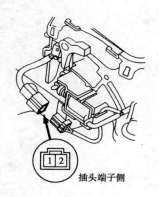

图7-37 驻车锁开关的测试与更换

(4) 如果驻车锁出现故障,则拆下换挡杆总成,更换驻车锁支架(驻车锁开关不能单独更换)。

五、无级变速器的分解与组装

(一) 实训器材

(1) 车辆:广州本田飞度乘用车的无级变速器。

(2) 普通工具:组合扳手、螺丝刀、钳子、扭力扳手。

(3) 专用工具:起步离合器拆卸装置、安装装置(07TAE-P4VR120、07TAE-P4VR130)、倒挡制动器弹簧压缩机装置(07TAE-P4VR110)

(4) 检测工具:百分表、测力计、厚薄规。

(二) 准备工作

(1) 将工位清理干净。

(2) 准备好相关的器材。

(三) 操作步骤

无级变速器分解图如图7-38所示。

1. 无级变速器的分解

(1) 拆下ATF冷却管路、拆下ATF油尺导管、拆下CVT主动带轮转速传感器。拆下限止装置电磁线圈、变速器挡位开关、CVT转速传感器和CVT从动带轮转速传感器。

(2) 拆下控制阀体,并拆下ATF管、定位销和垫圈。拆下紧固飞轮壳体的21个螺栓,然后,拆下飞轮壳体、定位销和垫圈。

(3) 拆下ATF管:11mm×230.5mm(有O形密封圈),单管;11mm×134.5mm(有O形密

封圈),三管;8mm×133.5mm,双管。

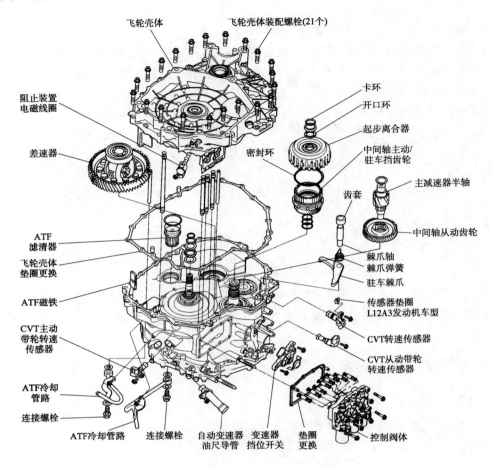

图 7-38　无级变速器分解图

(4) 拆下差速器总成。拆下主减速器半轴,然后,拆下中间轴从动齿轮。

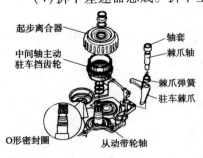

图 7-39　无级变速器的分解(一)

(5) 如图 7-39 所示,拆下驻车棘爪轴和齿套,然后,拆下驻车棘爪弹簧和棘爪。拆下紧固起步离合器的卡环,然后,拆下开口环护圈和开口环。

(6) 如图 7-40 所示,将专用工具安装到起步离合器上,并牢固地将专用工具的棘爪接到驻车挡齿轮上。注意:不要将专用工具的棘爪放到起步离合器导向器上。确认不让灰尘和其他异物进入从动带轮轴。

(7) 如图 7-41 所示,用专用工具拆下起步离合器和中间轴主动/驻车挡齿轮。

(8) 如图 7-42 所示,拆下紧固输入轴的卡环,然后从输入轴上拆下止推垫片、止推垫圈、推力滚针轴承和止推垫圈。

(9) 从起步离合器上拆下中间轴主动/驻车挡齿轮。

（10）如图7-43所示，从中间轴主动/驻车挡齿轮上拆下密封圈，并将其清洁干净；在组装变速器时，将其重新安装到新的中间轴主动/驻车挡齿轮上。

（11）拆下ATF磁铁，然后将其清洁干净，并重新安装到变速器上。

（12）拆下紧固ATF滤清器的卡环，并拆下ATF滤清器。检查ATF滤清器是否被污染。如果ATF滤清器被过度污染，则将其更换。重新将ATF滤清器安装到变速器上。

（13）如图7-44所示，将变速器端盖朝上，放置在工作台上，以防损坏输入轴。拆下紧固端盖的15个螺栓，然后，拆下端盖、定位销和垫圈。从手动阀体上拆下ATF管，拆下手动阀体、锁止弹簧、定位销和隔板。

（14）如图7-45所示，拆下行星齿轮架/输入轴总成，然后拆下齿圈。拆下倒挡制动器卡环和倒挡制动器底板。拆下制动盘和制动板，拆下盘片弹簧。拆下紧固前进离合器底板的卡环，然后，拆下前进离合器底板、离合器盘和离合器板。拆下把前进离合器紧固在主动带轮轴上的卡环，然后，拆下前进离合器，并拆下卡环护圈。

（15）如图7-46所示，使用专用工具拆下紧固倒挡制动器复位弹簧护圈的卡环。

（16）如图7-47所示，拆下卡环时要确认，专用工具安装到倒挡制动器复位弹簧上。拆下专用工具后，拆下弹簧座圈/复位弹簧总成。

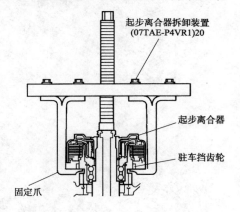

图7-40 无级变速器的分解（二）

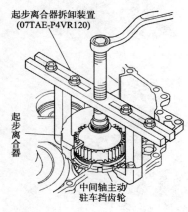

图7-41 无级变速器的分解（三）

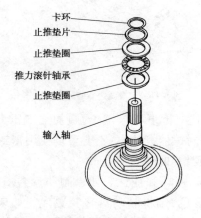

图7-42 无级变速器的分解（四）

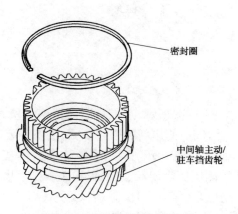

图7-43 无级变速器的分解（五）

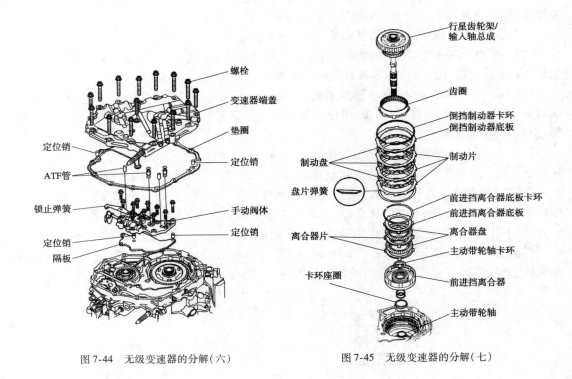

图7-44 无级变速器的分解(六)　　图7-45 无级变速器的分解(七)

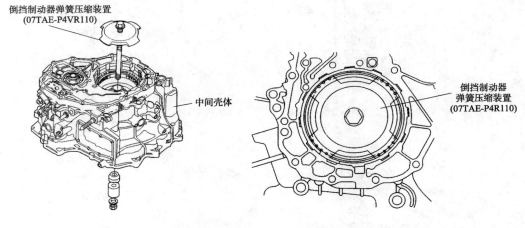

图7-46 无级变速器的分解(八)　　图7-47 无级变速器的分解(九)

(17) 如图7-48所示,从倒挡制动器压力检查孔上拆下密封螺栓,施加空气压力来拆下倒挡制动器活塞。使用新的密封垫圈,重新安装密封螺栓。注意:不要重复使用密封垫圈。

(18) 如图7-49所示,拆下滚柱、中间壳体、定位销和垫圈。

(19) 检测倒挡制动盘、制动板和底板是否磨损、损坏和褪色。如果制动盘磨损或损坏,则将制动盘整套更换。如果制动盘磨损、损坏或褪色,则将制动盘整套更换。如果底盘磨损、损坏或褪色,则在重新组装变速器时,检测制动盘底板至顶板之间的间隙,并更换底板。

第七章 无级变速器的构造与维修

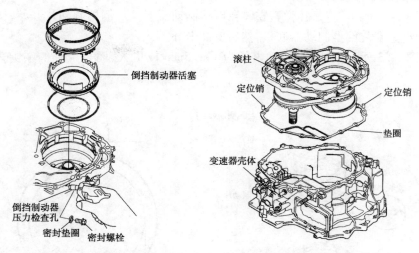

图 7-48 无级变速器的分解(十)   图 7-49 无级变速器的分解(十一)

2. 无级变速器的组装

(1) 将倒挡制动器完全浸泡在 ATF 里 30min 以上。

(2) 见图 7-49,将定位销(2 个)和新的垫圈安装到变速器壳体上。将控制轴向变速器壳体的外侧推,然后安装中间壳体。将控制轴向后推,然后,对准控制轴上的槽,将滚柱安装到中间壳体上。

(3) 如图 7-50 所示,将新的 O 形密封圈安装到倒挡制动器活塞上,然后将活塞安装到中间壳体上。安装弹簧座圈/复位弹簧总成,将弹簧导向器的复位弹簧安装到倒挡离合器的活塞上。

(4) 见图 7-46,穿过主动带轮轴安装专用工具,压缩复位弹簧。

注意:确保专用工具(弹簧压缩装置附件)安放在复位弹簧上,而非倒挡制动器活塞上。

(5) 见图 7-45,使用专用工具压缩复位弹簧。将卡环安装在弹簧座圈上方的中间壳体内,并拆下专用工具。

(6) 如图 7-51 所示,确认卡环端隙至少为 15mm。

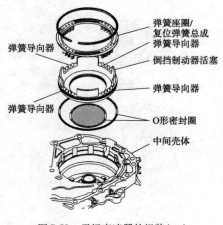 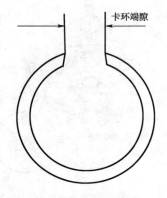

图 7-50 无级变速器的组装(一)   图 7-51 无级变速器的组装(二)

(7) 如图 7-52 所示,将盘片弹簧安装在倒挡制动器上。从倒挡制动片开始,交替安装制动片和制动盘。安装倒挡制动器底板,然后安装卡环。

(8) 如图 7-53 所示,确认卡环的内径为 143.5mm 或更大,而且卡环的端隙为 18mm 或以上。

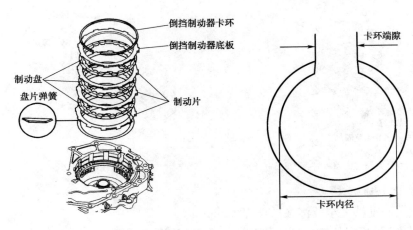

图 7-52　无级变速器的组装(三)　　　图 7-53　无级变速器的组装(四)

(9) 如图 7-54 所示,在倒挡制动器底板上放置百分表。向上提顶板,使其与倒挡制动器底板接触,并与卡环平齐,将百分表归零。

(10) 松开底板,使其降低,然后横穿倒挡制动器底板安放一块钢板。用测力计施加 39N 的力下压钢板,读取百分表的数值。百分表数值为倒挡制动器底板与顶盘之间的间隙。至少测量 3 个位置,取平均值作为实际间隙,标准:0.55～0.70mm。如果间隙超出标准范围,则从表 7-10 中选择新的倒挡制动器底板。

(11) 如图 7-55 所示,将卡环座圈安装到主动带轮轴上。用胶带包住主动带轮轴花键,以防损坏 O 形密封圈。将新的 O 形密封圈安装到主动带轮轴的 O 形密封圈槽上,然后拆下胶带。将前进离合器安装到主动带轮轴上,然后,安装卡环来紧固前进挡离合器。

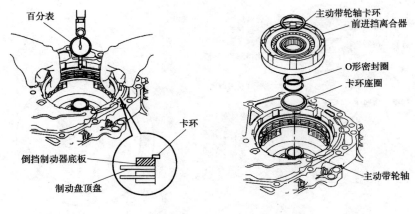

图 7-54　无级变速器的组装(五)　　　图 7-55　无级变速器的组装(六)

选择倒挡制动器底板　　　　　　表 7-10

序号	零件号	厚度(mm)	序号	零件号	厚度(mm)
1	22551—P4V—003	3.6	D	22554—PWR—000	4.3
A	22551—PWR—000	3.7	5	22554—P4V—003	4.4
2	22552—P4V—003	3.8	E	22554—PWR—000	4.5
B	22553—PWR—000	3.9	6	22554—P4V—003	4.6
3	22553—P4V—003	4.0	F	22554—PWR—000	4.7
C	22553—PWR—000	4.1	7	22554—P4V—003	4.8
4	22554—P4V—003	4.2	8	22554—P4V—003	5.0

（12）如图 7-56 所示，确认卡环的外径为 41.4mm 或更小。

（13）如图 7-57 所示，将齿圈安装到前进挡离合器上。将行星齿轮与前进离合器盘对齐，行星架与倒挡制动器盘对齐，穿过主动带轮轴安装行星齿轮架/输入轴总成。

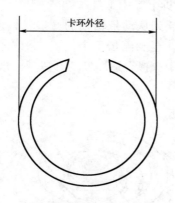

图 7-56　无级变速器的组装（七）

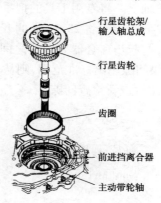

图 7-57　无级变速器的组装（八）

（14）如图 7-58 所示，将手动阀体隔板和定位销（2 个）安装到中间壳体上，然后，安装手动阀体和锁止弹簧。

（15）如图 7-59 所示，将新的 O 形密封圈安装到 10.9mm 的 ATF 管（2 个）上，然后，将 ATF 管安装到手动阀体上。将 8mm 的 ATF 管（2 个）安装到手动阀体上。将定位销（2 个）和新垫圈安装到中间壳体上，然后安装端盖，将端盖翻转朝下。

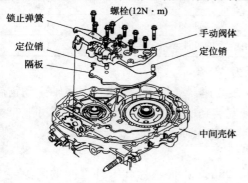

图 7-58　无级变速器的组装（九）

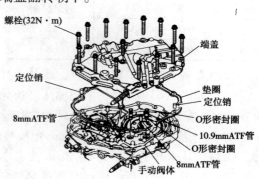

图 7-59　无级变速器的组装（十）

（16）将密封环安装到新的中间轴主动/驻车挡齿轮上（见图7-43）。

（17）见图7-39，将驻车棘爪、棘爪弹簧、棘爪轴和轴套安装到变速器壳体上，然后，将控制杆换至P位置以外的任一位置。用胶带包住从动带轮轴花键，以防损坏O形密封圈，将新O形密封圈安装到轮轴密封圈的槽上，并拆下胶带。将中间轴主动/驻车挡齿轮安装到起步离合器上，然后，将它们安装到从动带轮轴上。

（18）如图7-60所示，将专用工具的把手向上拉，然后，将其锥头安装到从动带轮轴输油管孔内，并将专用工具安装到起步离合器上。注意：不得让灰尘或其他异物进入变速器。

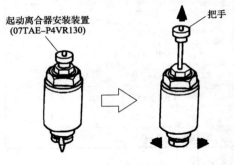

图7-60 无级变速器的组装（十一）

（19）如图7-61所示，推动专用工具的把手，然后，拧紧螺母，将中间轴主动/驻车挡齿轮安装到主带轮轴上。将专用工具的把手向上拉，拆下专用工具。

（20）如图7-62所示，将25.5mm的开口环安装到从动带轮轴的开口环槽上，然后用厚薄规测量开口环与起步离合器导向器之间的间隙。至少测量3个位置取平均值，标准值为0~0.13mm。如果间隙超出标准范围，则从表7-11中选择合适厚度的开口环。成套选择并安装新的开口环，然后重新检查间隙。

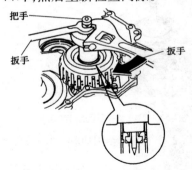

图7-61 无级变速器的组装（十二）

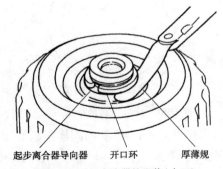

图7-62 无级变速器的组装（十三）

25.5mm 选择开口环的规格　　　　　　　　　　　　　表7-11

序号	零件号	厚度(mm)	序号	零件号	厚度(mm)
A	90429—P4V—000	2.9	C	90431—P4V—000	3.1
B	09430—P4V—000	3.0	D	90432—P4V—000	3.2

（21）安装开口环护圈和卡环。确认卡环外径为33.9mm或更小。

（22）如图7-63所示，将中间轴从动齿轮安放在变速器壳体上，将其与中间轴主动齿轮对齐，然后，穿过第二轴从动齿轮，将主减速器半轴安装到变速器壳体上。将止推垫圈、推力滚针轴承、止推垫圈和22mm×28mm止推垫片安装到输入轴上，然后安装卡环。

（23）确认卡环的外径为26.3mm或更小。

（24）如图7-64所示，使用厚薄规测量22mm×28mm止推垫片和卡环之间的间隙。至少测量3个位置取平均值，标准值为0.37~0.65mm。如果间隙超出标准范围，则从表7-12

中选择合适厚度的止推垫片。安装新的止推垫片,并确认卡环的外径在公差范围内。

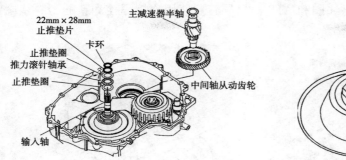

图 7-63 无级变速器的组装(十四)

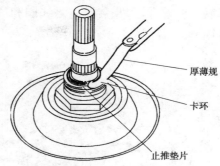

图 7-64 无级变速器的组装(十五)

22mm×28mm 选择止推垫片的规格　　　表 7-12

序号	零件号	厚度(mm)	序号	零件号	厚度(mm)
C	90573—P4V—000	1.15	F	90576—P4V—000	1.90
D	90574—P4V—000	1.40	G	90577—P4V—000	2.15
E	90575—P4V—000	1.65	H	90578—P4V—000	2.40

(25)安装差速器总成。

(26)如图 7-65 所示,将定位销(3 个)和新的垫圈安装到变速器壳体上。将新的 O 形密封圈安装到 11mm×230.5mm 的 ATF 管和 11mm×134.5mm 的 ATF 管上,然后,将它们安装到变速器壳体上。将 8mm×133.5mm 的 ATF 管安装到变速器壳体上。将飞轮壳体安装到变速器壳体上。

(27)如图 7-66 所示,将定位销(2 个)和新的垫圈安装到变速器壳体上。将新的 O 形密封圈安装到 ATF 管(8 根)上,然后,将它们安装到变速器内的 ATF 管路集流体上。将控制阀安装到变速器壳体上。

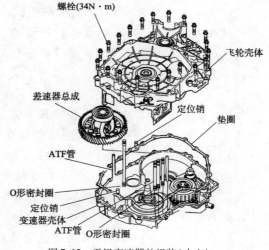

图 7-65 无级变速器的组装(十六)

(28)见图 7-29,将控制杆换至 N 位置。

注意:不要挤压控制轴。如果控制轴端被挤压在一起,将会导致错误的信号或挡位。

(29)见图 7-30,使旋转构架上的切口与变速器挡位开关上的空挡定位切口对准,然后在切口对准,然后在切口内放置 2.0mm 厚的厚薄规片,以便保持在 N 位置。

(30)见图 7-31,用 2.0mm 的厚薄规片使挡位保持在 N 位置,小心地将变速器挡位开关插接控制轴上。

(31)见图 7-32,继续将变速器挡位开关保持在 N 位置,拧紧固定开关的螺栓。注意:拧紧螺栓时,不要移动变速器挡位开关。拆下厚薄规,然后安装旋转构架罩。

(32)如图 7-67 所示,将通风口朝向通气管的前侧(与变速器挡位开关相对),安装通气帽。

(33)使用新的O形密封圈,安装CVT主动带轮转速传感器、CVT从动带轮转速传感器、CVT转速传感器、限止装置电磁线圈和ATF油尺导管。使用连接螺栓和新的密封垫圈,安装ATF冷却器管路。

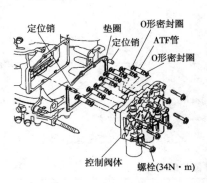

图7-66 无级变速器的组装(十七)

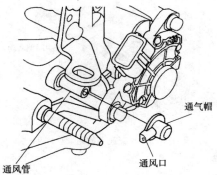

图7-67 无级变速器的组装(十八)

小结

1. 无级变速器是传动比可以在一定范围内连续变化的变速器,它采用传动带和工作直径可变的主、从动轮相配合来传递动力,可以实现传动比的连续改变,从而得到传动系与发动机工况的最佳匹配,最大限度地利用发动机的特性,提高汽车的动力性和燃油经济性。目前,无级变速器在汽车上的应用越来越多;常见的无级变速器是金属带式无级变速器。

2. 奥迪01J CVT主要由飞轮减振装置、前进挡离合器/倒挡制动器及行星齿轮装置、速比变换器、液压控制单元和电控单元等组成。

3. 发动机输出转矩通过飞轮减振装置或双质量飞轮传递给变速器,前进挡离合器和倒挡制动器都是湿式摩擦元件,两者均为起动装置。倒挡的旋转方向是通过行星齿轮机构改变的。发动机的转矩通过辅助减速齿轮传到速比变换器,并由此传到主减速器、差速器。液压控制系统和电子控制系统集成一体,位于变速器内部。

4. 奥迪01J CVT的起动装置是前进挡离合器和倒挡制动器,并与行星齿轮机构一起实现前进挡和倒挡。它们只做起动装置,并不改变传动比,这与在自动变速器中的离合器和制动器的功用是不同的。

5. 行星齿轮机构的结构由齿圈、两个行星齿轮、行星架、太阳轮组成。

6. 速比变换器是CVT最重要的装置,其功用是实现无级变速传动。速比变换器由两组滑动锥面链轮和专用链条组成。

7. CVT的液压控制系统担负着系统油压的控制、油路的转换控制、用油元件的供油以及冷却控制等。

8. CVT的电子控制系统由电子控制单元、输入装置(传感器、开关)和输出装置(电磁阀)三部分组成。其特点是电子控制单元集成在速比变换器内,控制单元直接用螺栓紧固在液压控制单元上。

复习思考题

一、简答题
1. 简述金属带式无级变速器的变速原理。
2. 简述无级变速器的基本组成。
3. 简述无级变速器行星齿轮机构的结构特点和工作原理。
4. 简述无级变速器速比变换器的工作原理。

二、选择题
1. 奥迪 01J CVT 行星齿轮机构中,行星齿轮是( )个。
   A. 3   B. 6   C. 9
2. 无级变速器中,( )是实现无级变速传动的部件。
   A. 前进挡离合器   B. 倒挡制动器   C. 速比变换器
3. 无级变速器每一次失速测试千万不要超过( )。
   A. 5s   B. 10s   C. 15s

三、判断题
1. 无级变速器可以实现传动比的连续改变,从而得到传动系与发动机工况的最佳匹配。
   (   )
2. 无级变速器实现连续改变的传动比是通过传动带长度的改变来实现的。(   )
3. 无级变速器行星齿轮机构采用单排行星齿轮结构。(   )
4. 奥迪 01J CVT 的前进挡离合器和倒挡制动器均采用湿式多片式结构。(   )

第八章 双离合器自动变速器的构造与工作原理

1. 掌握双离合器自动变速器的基本工作原理；
2. 掌握双离合器自动变速器的结构组成和工作原理。

第一节 双离合器自动变速器概述

手动变速器的优点是传动效率高，动力性、经济性好，缺点是换挡时的劳动强度大；自动变速器的优点是舒适性好，换挡平稳，无动力中断，缺点是传动效率低，经济性差；大众公司开发的全新一代双离合器自动变速器有效地解决了上述问题。

双离合器自动变速器（Dual Clutch Transmission，缩写为DCT），也叫直接换挡变速器（Direct Shift Gearbox，缩写为DSG）。双离合器自动变速器是基于手动变速器发展而来的，并且综合了手动变速器与自动变速器的优点。

一、工作原理

双离合器自动变速器的工作原理如图8-1所示，它是通过将变速器挡位按奇偶数分开布置，形成两个彼此独立的传动机构。每个传动机构的结构都与一个手动变速器相同，每个传动机构都配有一个湿式多片离合器，传动机构1通过湿式多片离合器K_1来选择一、三、五挡和倒挡，传动机构2通过湿式多片离合器K_2来选择二、四、六挡，因此，只需通过切换两个离合器的工作状态就可以完成换挡操作。

二、双离合器自动变速器的结构特点

双离合器自动变速器具有以下结构特点：
(1) 有两根输入轴，挡位按奇偶数分开布置在两根输入轴上。
(2) 换挡方式与换挡齿轮基本结构与手动变速器一样。
(3) 有两个离合器进行换挡控制。
(4) 离合器的切换和挡位变换由控制单元和执行机构进行自动控制。

三、优点

(1) 传动效率高，油耗低。

(2) 换挡时没有动力中断，换挡平稳。
(3) 能跳过一个挡。
(4) 具有良好的驾驶舒适性、动力性和操控性。

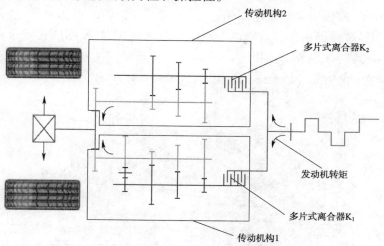

图 8-1　双离合器自动变速器工作原理图

第二节　02E 双离合器自动变速器的构造与工作原理

下面以一汽大众公司的 02E 双离合器自动变速器为例，介绍其主要结构特点和工作原理。02E 双离合器自动变速器的外形如图 8-2 所示，其内部结构如图 8-3 所示。

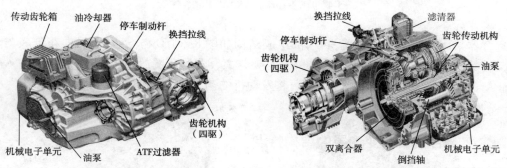

图 8-2　02E 双离合器自动变速器的外形　　　图 8-3　02E 双离合器自动变速器的内部结构

双离合器自动变速器主要由机械传动机构、电控系统、液压控制机构等几部分组成。

一、机械传动机构

机械传动机构的组成如图 8-4 所示，主要由双质量飞轮、两个多片离合器、输入轴及齿轮、输出轴及齿轮等组成。

1. 双质量飞轮

双质量飞轮的结构如图 8-5 所示。由于在 DSG 中没有使用液力变矩器等可以吸收系统振动的元件,所以需要采用扭转减振器来吸收系统的扭转振动,采用这种带有双质量飞轮式的扭转减振器,可以非常有效地的控制汽车动力传动系的扭转振动及噪声,提高整车的舒适性。双质量飞轮有两个质量,即初级质量和次级质量,初级质量与发动机曲轴相连,起到原来普通飞轮的作用,次级质量与变速器相连,用于提高变速器的扭转惯量,初级质量和次级质量之间通过扭转减振器相连。双质量飞轮内有两个内花键,外侧内花键与离合器外花键毂相连,内侧内花键与油泵驱动轴相连。

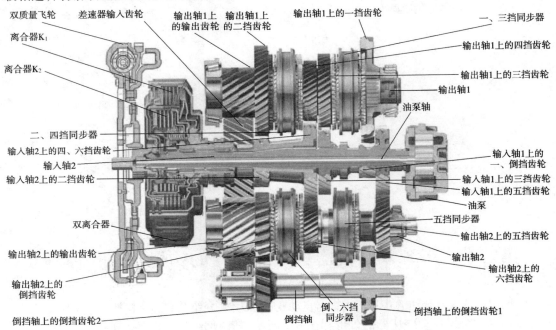

图 8-4 02E 变速器机械传动机构的组成

2. 多片离合器

离合器采用湿式多片离合器,其内部组成结构如图 8-6 所示。离合器的外花键毂与双质量飞轮的内花键相连,两个离合器的外片支架与离合器的花键毂相连,内片支架与输入轴 1 和输入轴 2 相连,当离合器接合时,便可将发动机的动力传递给变速器输入轴。

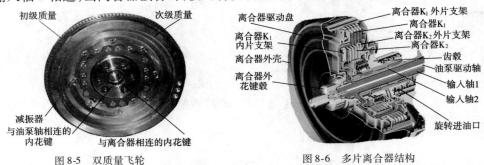

图 8-5 双质量飞轮　　图 8-6 多片离合器结构

(1)离合器 K_1 的工作过程。如图 8-7 所示,K_1 是外离合器,离合器外片支架与离合器外花键毂连接,内片支架与输入轴 1 连接,用于连接发动机与输入轴 1,可将转矩传递到与输入轴 1 相连的一、三、五挡和倒挡齿轮。当液压油进入离合器的压力腔时,离合器的活塞 K_1 沿轴向移动,使离合器片组压在一起,发动机转矩便可传给输入轴1,并且带动一、三、五挡和倒挡齿轮,当压力腔没有压力油时,由膜片弹簧将活塞推回到离合器分离位置,使离合器分离。

(2)离合器K_2的工作过程。如图8-8所示,K_2是内离合器,离合器外片支架与离合器K_1外片支架相连,离合器内片支架与输入轴2连接,用于连接发动机与输入轴2,可将转矩传递到与输入轴2相连的二、四、六挡齿轮。当液压油进入到离合器的工作缸时,离合器的活塞K_2沿轴向移动,使离合器片组压在一起,发动机转矩便可传给输入轴2,并且带动二、四、六挡齿轮,当压力腔没有压力油时,由螺旋复位弹簧将活塞推回到离合器分离位置,使离合器分离。

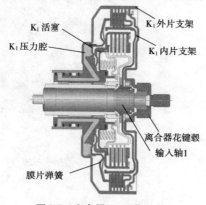
图8-7 离合器K_1工作过程

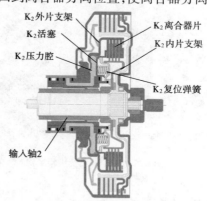
图8-8 离合器K_2工作过程

3. 输入轴及齿轮

输入轴及齿轮结构如图8-9所示。

输入轴1与离合器K_1的内片支架相连,在输入轴1上有一挡和倒车挡公用斜齿轮、三挡斜齿轮、五挡斜齿轮。输入轴1转数传感器信号转子。

输入轴2与离合器K_2的内片支架相连,在输入轴2上有二挡斜齿轮,四、六挡共用斜齿轮,输入轴2转数传感器信号转子。

4. 输出轴及齿轮

(1)输出轴1及齿轮。如图8-10所示,输出轴1上有一、二、三、四挡换挡齿轮和各挡同步器组件,还有与差速器相连的输出齿轮。其中一、二、三挡使用三件式同步器,四挡使用单件式同步器。

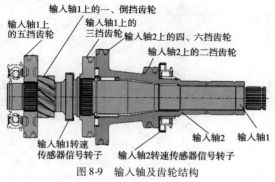
图8-9 输入轴及齿轮结构

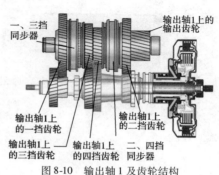
图8-10 输出轴1及齿轮结构

(2)输出轴2及齿轮。如图8-11所示,输出轴2上有五挡、六挡和倒挡换挡齿轮,与差速器相连的输出齿轮,变速器输出转速传感器信号转子。其中五、六挡使用单件式同步器,倒挡使用三件式同步器。

(3)三件式同步器。如图8-12所示,带有钼涂层的黄铜同步环是转速同步的基础。三件式同步器与单件式同步器相比,所提供的摩擦面积要大得多,因此可提高同步效率。

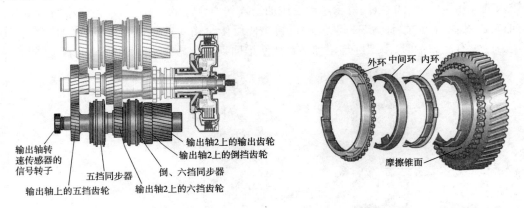

图8-11 输出轴2及齿轮结构　　　　图8-12 三件式同步器结构

5. 倒挡轴及齿轮

倒挡齿轮轴用于改变输出轴2的旋转方向,倒挡齿轮轴上有两个齿轮,即倒挡齿轮1和倒挡齿轮2,两个齿轮均与倒挡轴制成一体,倒挡齿轮1与输入轴1上的一挡、倒挡共用齿轮相啮合,倒挡齿轮2与输出轴2上的倒挡齿轮相啮合,如图8-13所示。

6. 换挡机构

换挡杆外形如图8-14所示,内部结构如图8-15所示。

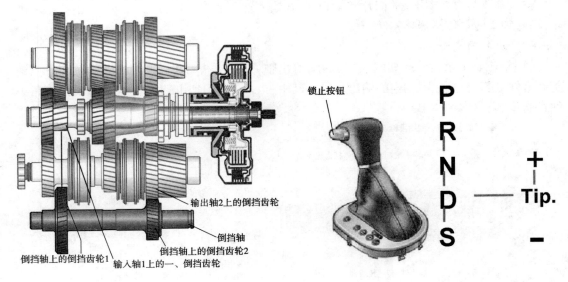

图8-13 倒挡轴及齿轮结构　　　　图8-14 换挡杆外形及挡位情况

(1)换挡杆传感器控制单元J587。换挡杆固定架内的霍尔传感器探测换挡杆位置,并通过CAN总线将这些位置传输给换挡杆传感器控制单元J587,并通过此信号来控制换挡杆锁电磁阀工作。

(2)换挡杆锁电磁阀N110。电磁阀用于将换挡杆保持在P和N位,电磁阀由传感器控制单元J587控制工作。

(3)换挡杆"P"位置锁止开关F319。如果换挡杆位于位置P,换挡杆"P"位置锁止开关F319则向控制单元J587发送一个信号,J587利用这个信号控制点火钥匙是否允许拔出点火开关。

(4)换挡杆锁止在位置P时的工作情况。当换挡杆在P位时,锁销插在P位锁销孔内,从而将换挡杆锁止在P位,可避免换挡杆被随意移动到其他位置,如图8-16a)所示。此时如果想移动换挡杆至其他位置,需打开了点火开关,踩下了制动踏板,并按下换挡杆上的锁止按钮,传感器控制单元J587将向电磁阀N110供电,将锁销从锁销孔中拔出,换挡杆便可移动,如图8-16b)所示。

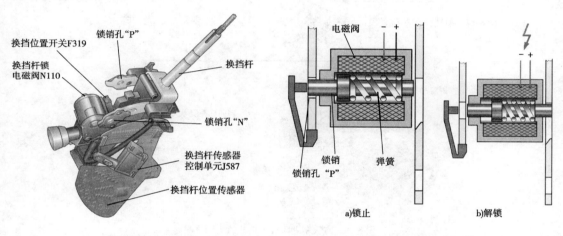

图8-15 换挡杆内部结构

图8-16 换挡杆在P位置

(5)换挡杆锁止在位置N时的工作情况。如果换挡杆位于N位置的时间超过2s,控制单元将向电磁阀供电,将锁销插入N位锁孔内,如图8-17所示。换挡杆无法在无意间移动到前进挡位置,踩下制动踏板时锁销便会自动松开。

(6)应急开锁。如果出现故障使换挡杆锁电磁阀N110供电中断,则将导致换挡杆无法移动,因为此时换挡杆锁保持启用状态。在紧急情况下,将一个较薄的物体压入锁销内,即可松开换挡杆锁,如图8-18所示。

7. 点火钥匙防拔出锁

点火钥匙防拔出锁可以防止驻车锁未锁止时,点火钥匙转到拔出位置。该锁采用电控机械原理,由转向柱控制单元J527控制。当换挡杆位于P位置,点火开关已关闭。换挡杆位置开关F319打开,J527探测到此信号,则停止向电磁阀N376供电,电磁阀内的弹簧将锁销推到开锁位置,如图8-19所示。

点火开关打开,F319闭合,控制单元J527向电磁阀N376供电。电磁阀克服弹簧力将锁销推到锁止位置,此时锁销可以防止点火钥匙转回和拔下,如图8-20所示。

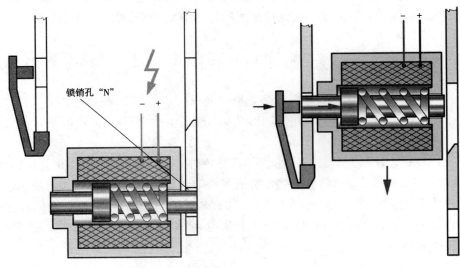

图 8-17　换挡杆在 N 位置锁止与解锁　　　　图 8-18　应急开锁

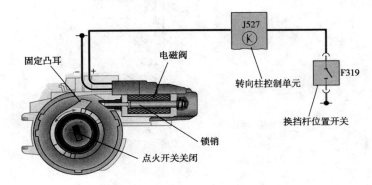

图 8-19　点火钥匙防拔出锁开锁工作原理

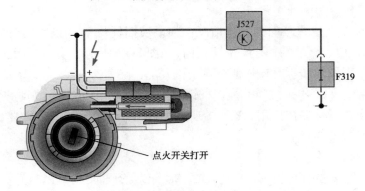

图 8-20　点火钥匙防拔出锁锁止工作原理

二、电子控制系统

电控系统的组成如图 8-21 所示,主要由输入装置(传感器和开关信号)、电子控制单元和执行机构组成。

第八章 双离合器自动变速器的构造与工作原理

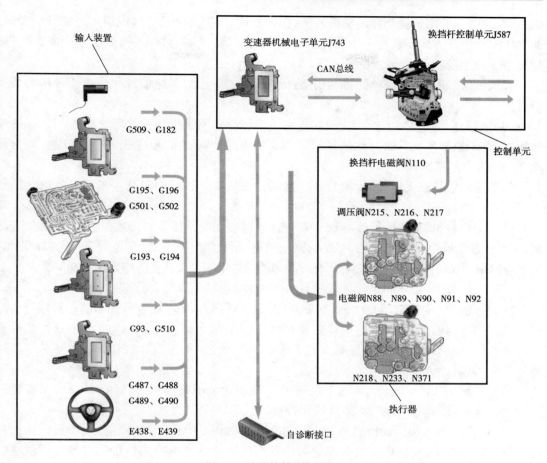

图 8-21 电子控制系统组成

1. 输入装置

输入装置主要包括各种传感器和开关信号。

(1) 变速器输入转速传感器 G182。该传感器用于计算变速器输入轴转速信号,电子控制单元通过此信号并根据变速器输入轴 1 和输入轴 2 转速传感器 G501 和 G502 的信号计算出多片离合器 K_1 和 K_2 滑转率,控制单元可以借助离合器滑转率数据更精确地控制离合器的分离和接合。

如果该信号中断,控制单元将利用来自 CAN 总线的发动机转速信号作为替代信号。

(2) 输入轴 1 转速传感器 G501 和输入轴 2 转速传感器 G502。两传感器分别用于计算输入轴 1 和输入轴 2 的转速信号,电子控制单元可通过此信号确定多片离合器 K_1 和 K_2 的输出转速,并根据变速器输入转速信号计算出离合器 K_1 和 K_2 的滑转率,根据滑转率电子控制单元可识别离合器的接合和分离的状况,可对其实现精确控制。另外,控制单元可根据此信号和变速器输出转速信号判定是否已挂入正确挡位。

如果该信号中断,变速器的相应部分被切断,其中 G501 损坏,汽车只能以二挡行驶,G502 损坏,汽车只能以一挡和三挡行驶。

(3) 变速器输出轴传感器 G195 和 G196。两传感器都装在机械电子装置上,与控制单元始终连接在一起,用来检测输出轴的转速,根据此信号,控制单元可以识别车速和行驶方向。两个传感器错开方式安装在一个壳体内,由一个信号转子驱动,如果改变行驶方向,信号以相反顺序到达控制单元。

如果该信号中断,控制单元将利用来自 ABS 控制单元的车速信号和转速信号作为替代信号。

(4)液压压力传感器 G193 和 G194。两传感器分别用于检测多片离合器 K_1 和 K_2 的液压压力,电子控制单元可通过此信号得知离合器 K_1 和 K_2 处的液压压力,以实现对离合器 K_1 和 K_2 压力的精确调节。

如果中断信号或无压力时,相关变速器部分将从整个系统中脱开。车辆只能以一挡和三挡或者二挡行驶。

(5)多片离合器油温度传感器 G509。该传感器装在变速器输入转速传感器 G182 的壳体里,用于快速精确检测离合器出口处的自动变速器油的温度,其工作温度范围为 $-55 \sim +180$℃。电子控制单元通过此信号进行调节离合器冷却油的流量并采取其他措施来保护变速器。

如果该信号中断,控制单元将利用 G93 和 G510 的信号作为替代信号。

(6)齿轮油温度传感器 G93 和控制单元温度传感器 G510。两个传感器的信号用于检测机械电子单元的温度。此外,这些传感器信号还用于起动暖机程序。两个传感器彼此检查是否存在故障。两个传感器直接测量处于危险状态的组件的温度。这样可以及时采取措施降低油温,以避免机械电子单元过热。

当温度超过 138℃时,机械电子控制单元将采取减小发动机的转矩输出;当温度超过 145℃时,将不再向离合器供油,离合器保持分离状态。

(7)换挡执行机构行程传感器 G487、G488、G489 和 G490。4 个传感器用于检测换挡执行机构所处的挡位,控制单元根据准确的位置将压力油输送给换挡执行机构,以进行换挡。如果某一行程传感器无法发送信号,受影响的变速器部分将从整个系统中脱开。在受影响的变速器部分中无法挂入相应挡位。

G487 用于一、三挡,G488 用于二、四挡,G489 用于六、倒挡,G490 用于五、空挡。

2. 电子控制单元

电子控制单元与电动液压控制单元集成在一起,装在变速器内部,并浸在变速器油中,是变速器控制的核心,所有的传感器信号和来自其他控制单元的信号都由电子控制单元接收并进行监控。电子控制单元具有以下功能:

(1)能够根据需求情况调整液压系统压力。

(2)精确控制双离合器的压力和流量。

(3)对离合器进行冷却控制。

(4)根据传感器信号进行换挡点选择。

(5)和其他控制单元进行信息交换。

(6)激活应急模式。

(7)进行故障自诊断。

(8)同时可根据发动机转矩、离合器控制压力、离合器温度等信号对离合器进行过载保护和安全切断。

(9)电子控制单元会不断检测离合器控制和离合器输出转矩之间出现的轻微打滑,对离合器进行匹配控制。

3. 执行元件

电子控制装置里的执行元件主要是各种电磁阀,执行元件里的电磁阀可分为占空比电磁阀和开关电磁阀两类。

(1)调压阀 N217(主压力阀)。该阀位于机械电子单元的电液控制单元内,是一个占空比电磁阀,其作用是用来调节机械电子液压系统内压力。计算主压力时最重要的因素是离合器实际压力,该压力取决于发动机转矩。发动机温度和发动机转速用于校正主压力。控制单元不断调整主压力,以满足当前工作条件要求。

(2)离合器调压阀 N215、N216。两个阀也都是占空比电磁阀,用于产生控制多片离合器的压力。调压阀 N215 控制多片离合器 K_1 的压力,调压阀 N216 控制多片离合器 K_2 压力。离合器压力计算的基础是当前发动机转矩。控制单元根据多片离合器摩擦力的变化调节离合器压力。

(3)冷却油流量调节阀 N218。该阀位于电液控制单元内,该阀是一个占空比电磁阀,它通过一个液压滑阀控制冷却油流量。控制单元使用多片离合器油温度传感器 G509 的信号来对其进行控制。

如果 N218 失效,冷却油将以最大流量到多片离合器,这可能造成环境温度较低时换挡困难及耗油量明显提高。

(4)换挡电磁阀 N88、N89、M90 和 N91。这4个电磁阀都位于机械电子单元的电液控制单元内,它们是开关型电磁阀,电磁阀通过多路转换器滑阀控制至所有换挡执行机构的油压,不通电时电磁阀处于闭合位置,压力油无法到达换挡执行机构。其中电磁阀 N88 控制一挡和五挡的换挡油压,电磁阀 N89 控制三挡和空挡的换挡油压,电磁阀 N90 控制二挡和六挡的换挡油压,电磁阀 4N91 控制四挡和倒车挡的换挡油压。

(5)多路转换控制阀 N92。该阀位于机械电子单元的电液控制单元内,该电磁阀也是开关型电磁阀,用于控制液压控制单元内的多路转换器。电磁阀接通,可以选择二、四、六挡。电磁阀断开,可以选择一、三、五挡和倒挡。

(6)调压阀 N233 和 N371。调压阀 N233 和 N371 位于机械电子单元的液压模块内,它们是占空比电磁阀。用控制机械电子单元阀箱内的安全滑阀。当变速器部分出现与安全有关的故障时,安全滑阀使该部分内的液压压力与系统隔开。

三、液压控制系统

液压控制系统以自动变速器油(ATF)为介质,主要的功用是根据需求调整液压系统压力,并对双离合器和换挡调节器进行控制,对离合器冷却控制,为整个齿轮机构提供可靠的冷却和润滑。

整个液压控制系统的组成如图 8-22 所示,主要由变速器油、供油装置、冷却装置、过滤装置、电液控制装置和油路组成。

1. 变速器油

变速器油是变速器中的传力介质,用于驱动离合器和换挡执行元件工作,并承担着润滑

和冷却整个系统的重要作用。作为变速器油,必须满足下面要求:

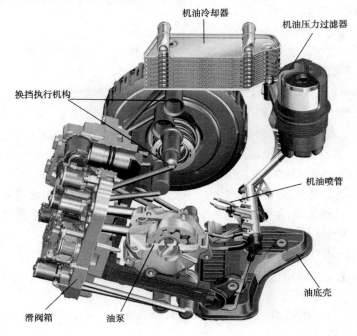

图8-22 液压控制系统组成

(1)确保离合器的调节和液压控制。

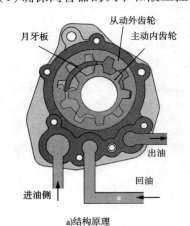

a)结构原理

b)油泵的驱动

图8-23 油泵结构及工作原理

(2)整个温度范围内黏度稳定。
(3)可以抵抗高的机械压力,能承受高机械负荷。
(4)不起泡沫。

2. 供油装置

油泵是供油装置的主要部件,油泵的作用是为整个系统提供压力油,该变速器采用的是月牙形内啮合齿轮泵,其结构和工作原理如图8-23所示。油泵由油泵轴驱动,油泵轴位于输入轴1和输入轴2的内部,由发动机飞轮驱动,以发动机转速运转,其最大输出量100L/min,最大供油压力为20MPa。

3. 冷却装置

变速器油冷却装置安装在发动机冷却系统里,由发动机冷却液进行冷却,可将油温冷却到135℃以下,以保证变速器正常工作。

4. 电动液压控制单元

电动液压控制单元如图8-24所示,其上装有电磁阀、压力调节阀、各种液压滑阀、多路转换阀、卸压阀和印刷电路板等，主要作用是通过压力调节阀和换挡滑阀来控制两个离合器和挡位调节器中自动变速器油的流量和压力，以实现平稳换挡。

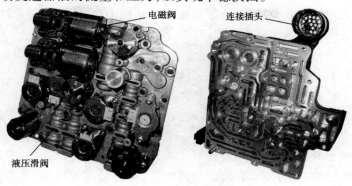

图8-24　电动液压单元的结构

5. 液压控制系统工作原理

液压控制系统中的油路如图8-25所示。

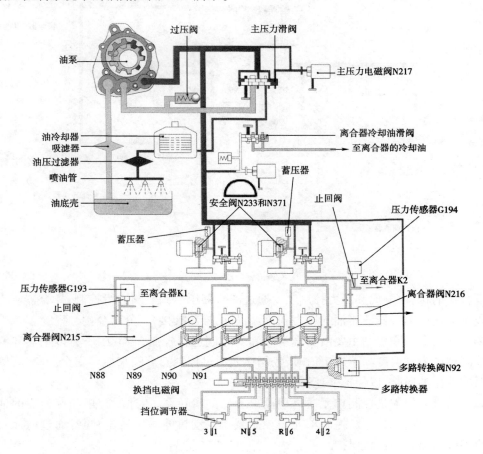

图8-25　液压控制系统油路

油泵经吸滤器从油底壳中吸入机油，并将机油加压后输送到主压力滑阀，主压力滑阀下有一油道,机油通过该油道回流至油泵吸油侧。主压力滑阀由压力调节阀 N217 控制,用于调节变速器系统液压油的工作压力。

经主压力滑阀的油路分为两条,一条将机油送到机油冷却器,再经滤清器流回油底壳,另一条将机油送至离合器冷却机油滑阀,对离合器进行冷却。

经调节后的工作油压直接被送往安全阀,并经安全阀送至离合器阀和换挡电磁阀,进行离合器控制和换挡控制。当离合器的实际工作压力超过规定值时,安全阀就会切断离合器的工作油路,使其迅速脱开,以保护离合器。送至换挡电磁阀的液压油再经过多路转换器来控制换挡调节器的工作状况,以实现挡位的切换,多路转换器由多路转换阀 N92 进行控制。

6. 离合器工作控制

离合器工作控制包括离合器的接合/分离控制、离合器压力控制、离合器过载保护控制和离合器安全切断控制,离合器控制油路如图 8-26 所示。

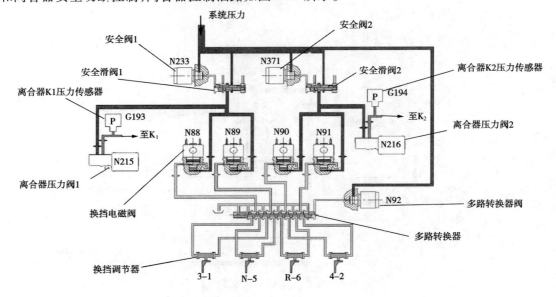

图 8-26 离合器控制油路

离合器的接合/分离和压力控制主要通过离合器压力调节阀进行控制,离合器压力调节阀可以调节通往离合器液压油的压力和流量,从而控制其接合/分离及接合程度。

离合器安全切断控制主要由安全滑阀和安全阀进行控制,当液压压力传感器和温度传感器检测到压力和温度高于规定值时,控制单元通过控制安全阀来控制安全滑阀,切断通往离合器的液压油通路,以保护变速器。

离合器过载保护是控制单元通过检测离合器的滑转率、传递的转矩和变速器的油温等信号,一旦发现离合器过载,控制单元便控制减小发动机的输出转矩,同时通过增加对离合器的冷却以对离合器进行保护。

7. 离合器冷却润滑控制

离合器内部的机械摩擦会导致离合器温度上升,为防止离合器过热,必须对其进行冷却,液压控制系统设有单独的离合器冷却油路,如图 8-27 所示。冷却油路由离合器冷却油调节阀 N218 及离合器冷却油滑阀进行控制。控制单元根据多片离合器油温传感器 G509 测得的油温来控制离合器冷却油调节阀 N218 来提高或降低离合器冷却油滑阀处的油压,冷却油滑阀再根据油压打开或关闭至多片离合器的油道。冷却油最大流量为 20L/min,冷却油最大压力为 200kPa。

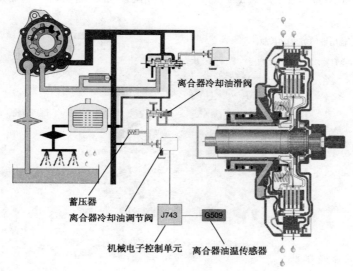

图 8-27　离合器冷却润滑控制油路

8. 换挡机构控制

与手动变速器一样,DSG 变速器挡位变换也是通过拨叉来实现,一个拨叉控制两个挡位,但与手动变速器的操作方式不同,拨叉的动作是通过液压方式驱动,液压通过驱动换挡调节器来驱动拨叉动作换入相应的挡位,其结构和工作原理如图 8-28 所示。换挡时控制单元将压力油引入换挡调节器的一侧,而另一侧无压力,换挡拨叉在压力的作用下移动到无压力侧,从而挂上相应的挡位,一旦挂对挡位,通过换挡齿轮的倒角和换挡拨叉的锁止机构将挡位保持在该位置。每个拨叉上都有拨叉位置传感器,用于识别换挡拨叉的准确位置。

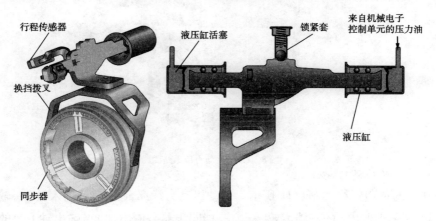

图 8-28　换挡执行机构的结构

四、各挡动力传递路线

1. 一挡动力的传递路线

一挡动力的传递路线如图 8-29 所示。发动机动力经离合器 K_1→输入轴 1→输入轴 1 上的一、倒挡齿轮→输出轴 1 上的一挡齿轮→一、三挡同步器→输出轴 1→输出轴 1 上的输出齿轮→差速器。

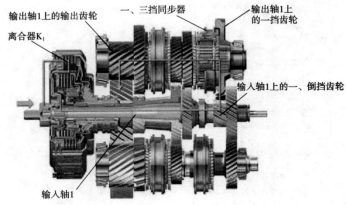

图 8-29　一挡动力传递路线

2. 二挡动力的传递路线

二挡动力的传递路线如图 8-30 所示。发动机动力经离合器 K_2→输入轴 2→输入轴 2 上的二挡齿轮→输出轴上 1 的二挡齿轮→二、四挡同步器→输出轴 1→输出轴 1 上的输出齿轮→差速器。

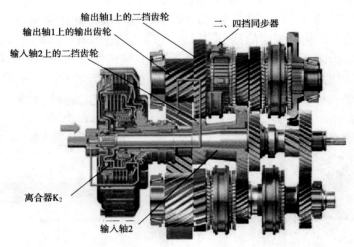

图 8-30　二挡动力传递路线

3. 三挡动力的传递路线

三挡动力的传递路线如图 8-31 所示。发动机动力经离合器 K_1→输入轴 1→输入轴 1 上的三挡齿轮→输出轴 1 上的三挡齿轮→一、三挡同步器→输出轴 1→输出轴 1 上的输出齿轮

→差速器。

4. 四挡动力的传递路线

四挡动力的传递路线如图 8-32 所示。发动机动力经离合器 K_2→输入轴 2→输入轴 2 上的四、六挡齿轮→输出轴 1 上的四挡齿轮→二、四挡同步器→输出轴 1→输出轴 1 上的输出齿轮→差速器。

5. 五挡动力的传递路线

五挡动力的传递路线如图 8-33 所示。发动机动力经离合器 K_1→输入轴 1→输入轴 1 上的五挡齿轮→输出轴 2 上的五挡齿轮→五挡同步器→输出轴 2→输出轴 2 上的输出齿轮→差速器。

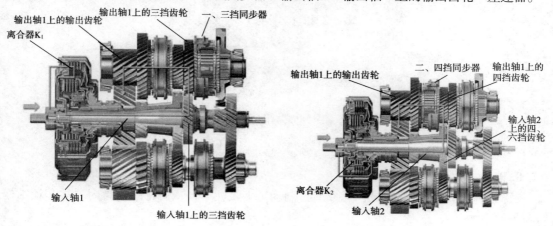

图 8-31　三挡动力传递路线　　　　图 8-32　四挡动力传递路线

6. 六挡动力的传递路线

六挡动力的传递路线如图 8-34 所示。发动机动力经离合器 K_2→输入轴 2→输入轴 2 上的四、六挡齿轮→输出轴 2 上的六挡齿轮→六、倒挡同步器→输出轴 2→输出轴 2 上的输出齿轮→差速器。

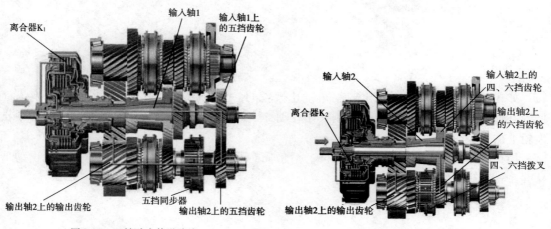

图 8-33　五挡动力传递路线　　　　图 8-34　六挡动力传递路线

7. 倒挡动力的传递路线

倒挡动力的传递路线如图 8-35 所示。发动机动力经离合器 K_1→输入轴 1→输入轴 1 上的一、倒挡齿轮→倒挡轴上的倒挡齿轮1→倒挡轴→倒挡轴上的倒挡齿轮2→输出轴2上的倒挡齿轮→六、倒挡同步器→输出轴2→输出轴上的输出齿轮→差速器。

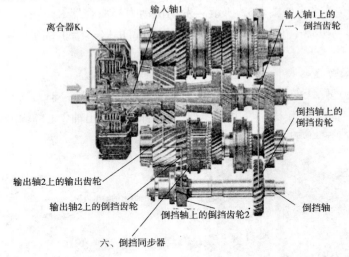

图8-35 倒挡动力传递路线

8. P挡

换挡杆移动到P位置时，驻车锁结合，制动爪卡入驻车锁止齿轮的轮齿内。驻车锁结构如图8-36所示。

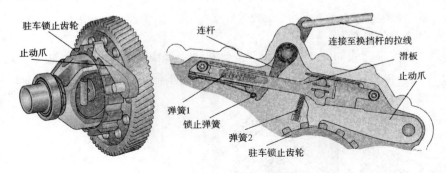

图8-36 驻车锁结构

如果驻车锁接合，止动爪卡入驻车锁止齿轮的一个齿内，弹簧1拉紧，锁止弹簧卡入连杆内并使止动爪保持不动，如果车辆开始移动，就会通过松开弹簧1将止动爪推到驻车锁止齿轮上的下一个空隙处。

换挡杆移出P位置时，驻车锁松开。滑板向右后侧退回到其初始位置，弹簧2将止动爪从驻车锁止齿轮的空隙中推出。

参 考 文 献

[1] 黄靖雄.汽车原理[M].台北:全华图书股份有限公司,1995.
[2] 赖瑞海.汽车实习II(底盘)[M].台北:全华图书股份有限公司,2008.
[3] 细川武志.汽车构造图册[M].北京:人民交通出版社,2009.
[4] GP企画センター.汽车底盘与电器构造图册[M]董铁有,译.北京:人民交通出版社,2007.
[5] 陈家瑞.汽车构造(下册)[M].北京:机械工业出版社,2009.
[6] 陈建宏.汽车底盘机械系统检修[M].北京:人民交通出版社,2009.
[7] 李春明.汽车底盘电控技术[M].北京:机械工业出版社,2009.
[8] 中国汽车维修行业协会.汽车底盘常见维修项目实训教材[M].北京:人民交通出版社,2009.
[9] 张红伟.汽车底盘构造及维修[M].北京:高等教育出版社,2007.
[10] 姚焕新.汽车底盘电控系统检修[M].北京:人民邮电出版社,2009.